名人家风丛书

# 也无风雨也无晴

——苏轼与苏氏家风

名人家风丛书

徐梓 主编

# 也无风雨也无晴

## ——苏轼与苏氏家风

从艳姿 著

中原出版传媒集团
中原传媒股份公司

大象出版社
·郑州·

**图书在版编目(CIP)数据**

也无风雨也无晴：苏轼与苏氏家风 / 丛艳姿著.—郑州：大象出版社，2018. 6
(名人家风丛书 / 徐梓主编)
ISBN 978-7-5347-9828-3

Ⅰ. ①也… Ⅱ. ①丛… Ⅲ. ①家庭道德—中国②苏轼(1037-1101)—家族—史料 Ⅳ. ①B823. 1②K820. 9

中国版本图书馆 CIP 数据核字(2018)第 128930 号

名人家风丛书
**徐　梓　主编**
YE WU FENGYU YE WU QING
**也无风雨也无晴**
——苏轼与苏氏家风
**丛艳姿　著**

---

**出 版 人**　王刘纯
**总 策 划**　郑强胜
**责任编辑**　牛志远　吴春霞
**责任校对**　张迎娟
**书籍设计**　王　敏

---

**出版发行**　大象出版社(郑州市开元路 16 号　邮政编码 450044)
发行科　0371-63863551　总编室　0371-65597936
**网　　址**　www.daxiang.cn
**印　　刷**　洛阳和众印刷有限公司
**经　　销**　各地新华书店经销
**开　　本**　890mm×1240mm　1/32
**印　　张**　7.25
**字　　数**　155 千字
**版　　次**　2018 年 6 月第 1 版　2018 年 6 月第 1 次印刷
**定　　价**　29.00 元

印厂地址　洛阳市高新区丰华路三号
邮政编码　471003　电话　0379-64606268

# 总　序

一个人有一个人的气质，一个国家有一个国家的性格。一个家庭在长期的延续过程中，也会形成自己独特的风气。这样一种看不见的风尚习惯、摸不着的精神风貌，以一种隐性的形态存在于特定家庭的日常生活之中，家庭成员的一举手、一投足，无不体现出这样一种习性。这就是家风。

“家风”一词，最早见于西晋著名文学家潘岳的诗中。与潘岳有“双璧”之称的夏侯湛，自恃文才超群，将《诗经》中有目无文的六篇“笙诗”补缀成篇。潘岳为与友人唱和，写作了《家风诗》。在这首诗中，作者通过歌颂祖德、称美自己的家族传统以自勉。

“家风”又称“门风”，这个词语在西晋出现并在随后流行，显然和“士族”“世族”“势族”“大族”“世家大族”成为社会上的统治力量有关。无论是以宗族为根基、以武力为特质的地方豪族，还是以官宦为标志、以文化为表征的名家大姓，他们政治上累世贵显，经济上广占土地，文化上世传家学，垄断了全社会的主要资源。除通过九品中正制和婚姻关系来维护门阀制度之外，他们还自矜门户、标树家风，用以抵御皇权和寒人的侵渔。正因为如此，两晋以后，这个词语渐次流行。从发轫之初，“家风”就往往和“门风”互用。我们可以将它理解为家庭的风气，将它看作一个家庭的传统、一个家庭的文化。

传统作为人类代代相传的行事方式，是从过去延传到现在的事物。没有经过较长时间的过滤和沉淀，就形成不了传统。在《论传统》的作者希尔斯看来，至少要持续三代人，才能成为传统。尽管世代本身的长短不一，但无论是信仰还是行动范式要成为传统，至少需要三代人的两次延传。家风作为特定家庭的传统，是该家庭长时期历史汰选、传统沉淀的结果，是一辈又一辈先人生活的结晶。在历史文献中，“家风”或与“世德”共举，或与“世业”并称，足见家风有别于时尚，而与“世”即很多年代、好几辈子紧密关联。在时间上持续的短暂性是时尚的特征，而家风则是历经延传并持久存在，或者在子孙后代身上一再出现的东西。正是在这个意义上，历史文献中提及“家风”一词，往往蕴含对传统的继承。如比比皆是的“不坠家风”“世守家风”“克绍家风”“世其家风”及“家风克嗣”等，无不体现了这一特点。

有一种观点认为，家风必须是健康的、积极向上的，否则，不能称之为家风。实际上，这只是说者的一种期许、一种渴盼，家风本身并不蕴含这样的意味。否则，“良好家风”就是毫无意义的同义反复。正如“文化”是使民族之间表现出差异性的东西，时时表现着一个民族的自我和特色一样，家风作为家庭的文化和传统，表现的也是一个家庭的气质和风习，反映出一个家庭与其他家庭的不同之处。它完全是一个中性的概念，并不必然具有正面的意义。有的家风可能是勤奋俭朴、为人忠厚、待人有礼，也有的家风可能是狡诈刻薄、游荡为非、跋扈凶横。如同一所学校、一个班级的风习我们称之为校风、班风，而校风有好坏之分，班风有高下之别，并不总是值得弘扬一样，家风同样也有不良的，并不都是传家宝。正因为如此，对家风或门风则就既有称誉，也有贬损。即便是在传统社会，被视为传家久、继世长的，也只有耕读、忠厚、清廉这样一些美好的品质。

的确，家风的特征在前现代、在乡村社会、在大家庭中表现得十分鲜明，格外生动，而在现代城市家庭中却不那么明显。但是，只要一个组织存在，就会有这个组织的文化，特别是这个组织如果有历史的厚重，有传统的积淀，就更是如此。作为家庭的文化，家风是附丽于家庭而存在的，只要有家庭，就会有家风。家风并不必然会因为农村的城市化、大家族被小家庭所取代而丧失，或者说，随着历史的演进，社会情势的变化，家风的具体内容肯定会有变化，但家风仍然会存在。在社会结构和家庭结构都发生了革命性变革的当今社会，人们感叹“家风”的荡然无存，其实是指家庭所秉持的“只耕田，只读书，自然富贵；不欠债，不健讼，何等安宁”这样一些古典原则的式微，是指“耕读两途，读可荣身耕可富；勤俭二字，勤能创业俭能盈”这样一些传统内容的沦落，是“志欲光前，惟是诗书教子；心存裕后，莫如勤俭传家”这样一些旧时理念的散淡，而不是家风本身的消逝。

此外，家风不同于家规。虽然这两个词都与家庭教育相关，但它们有着本质的差异。

家规是家庭或家族中的规矩，是家人所必须遵守的规范或法度，是父祖长辈为后代子孙所制定的立身处世、居家治生的原则和教条。它是借助尊长的权威，加之于子孙族众的又一重道德约束，有的甚至具有法律效力。它有家训、家诫、家仪、家教、家法、家约、家矩、家则、家政、家制等名义，有敬祖宗、睦宗族、教子孙、慎婚嫁、务本业、励勤奋、尚节俭等多方面的内容，是行于口头、针对性强的具体教诫，是见诸家书、目的明确的谆谆训诲，是载诸家谱、可供讽诵的文本规条。家规可以有多种分类，如：根据其表现形式，可以分为教诫活动的家规和文献形式的家规两种；根据内容，则可以分为针对一人一事、起因明确、内容具体、结果显豁的非规范性家规和针对整个人生、涉及方方面面的规范性家规。有的家规，着重家庭子弟的道德修养，教授为人处世要法；有的家规，集中居家治生，以至是祠堂、义庄、学塾等的管理规条。但无论如何，相对于家风，家规一个总的特点是有形的，是可视可见的。

一个家庭的家风有别于这个家庭世代相传的道德准则和处世方法，它是一个家庭的性格特征。虽然它一旦形成，也就成为教化的资源，对家族子弟具有熏染影响、沾溉浸濡的意义，但它是一种不必刻意教诫或传授，仅仅通过耳濡目染就能获得的精神气质，具有“润物细无声”的作用。历史文献中的“渐渍家风”，就极为生动形象地诠释了这一过程。通俗地说，我们可以把家规看作教化家人的教科书，而家风则是经由长期教化后的结果。

2014年春节期间，中央电视台的“家风”系列报道，引起了社会的热烈反响和高度认同。这一报道对于引导人们自觉省思，培植良好的家风，构建和谐的家庭关系，夯实家庭这一社会的堡垒，进而培养全社会的良风美俗，疗治现今社会的乱象，无疑具有积极的意义。正是基于这样一种用心，《寻根》杂志主编郑强胜代表大象出版社，约请我主编这套“名人家风丛书”。

第一辑十种出版之后，广受读者好评、社会欢迎。众多媒体都曾予以推荐，并入选国家新闻出版广电总局向全国青少年推荐百种优秀出版物、入选第二届中华优秀传统文化普及图书50种图书推荐目录，出版社也一印再印。受这种情势鼓舞，强胜兄按此前我们商议好的计划，不失时机地敦促我们启动了第二辑的编写工作。2016年5月18日，他给我发来了《“名人家风丛书”第二辑编写建议》，第二辑的编写工作由此启动。

受2015年马克思主义理论研究和建设工程重大项目暨国家社科基金重大项目“中华优秀传统文化的创造性转化与创新性发展研究”首席专家于丹教授的邀请，我担任了这一课题子课题“当代中国伦理文明与家教门风的重建”的负责人一职。本辑十种的编写，也是该子课题研究工作的一部分，并受到了该课题的资助，王立刚居中做了大量的工作。

本辑的编写者，依然主要是我的学生，也吸纳了个别对此有热情、有研究的朋友参加。由于时间仓促，特别是水平所限，其中肯定会有这样或那样的问题，诚挚地希望读者不吝赐教，以便我们把这项工作做得更好。

北京师范大学国学经典教育研究中心 徐梓

2018年1月

# 目录

# 引　言

在中国历史上，赵宋王朝一直以文化隆盛和文人辈出而傲视古今，彬彬之盛，大备于时，可谓蔚然，甚至可以说，“华夏民族之文化，历数千载之演进，造极于赵宋之世”。而在灿若星辰的宋朝文化家族中，最耀眼的莫过于被称为“三苏”的苏洵、苏轼和苏辙父子三人。

中国文学史上，父子并驾、昆季同芳的文学世家并非罕见，以文章名世的家族更是不胜枚举，前有“三曹”（曹操、曹丕、曹植），后有“三袁”（袁宗道、袁宏道、袁中道），都是家学的典范，也是为人称羡的文学世家。而在文学成就上，可比肩“三苏”的更是不乏其人，“如绛云在霄，舒卷自如”的陶渊明，“焜耀一世，后之言诗者，皆莫能及”的李白和杜甫，“不以文立制，而以文为戏”的韩愈，他们的诗文都如日月经天、江河行地。而比之于冠冕相继、雅士相衔而出的世家大族，以文章学术立世的苏氏一族只有两人累官相位、三人行走六部，更是历四代便湮没于世，实在算不得家世显扬。

但是古往今来，人们最津津乐道的文学家族却总是首推苏氏一族。而当我们走近这个家族时，却发现培育出“一门父子三词客，千古文章四大家”的苏氏家族并非诗礼簪缨、钟鸣鼎食的赫奕门庭，而是世代“草芥贱儒”的“岷峨冷族”。

缘何长于草野的苏氏父子能在灿若星辰的宋朝文化名士中争荣竞秀、芳华不减？这不仅因为他们都是冠绝古今的文豪，写就了辉耀古今的绝唱，更因为他们修身立德，一生光明磊落，不以一己荣辱、一身祸福改易其忧国忧民之心，在进退得失中亦能宠辱不惊，谱写了文人雅士的风骨篇章。而这些，我们无一不能在苏氏家风、家学中找到他们为学修身的蛛丝马迹。

起于寒微的眉山苏氏家族，虽然祖上并不闻达，一直沉寂于眉山乡间，但是他们修身行义、襟怀坦荡。有爽爽浩然之气的苏杲、苏序父子曾倾囊助邻、鬻田救灾，对恃强凌弱者亦能挺身而出，侠义之名传扬乡里，他们为家族确立了“扶危济困”“任达洒脱”的初始家风形态。

个性无拘无碍的苏序对蜀地长久以来形成的“怀慕亲戚乡党，不肯出仕”的风气不以为然，虽然经济困窘，但他毅然支持两个儿子苏澹和苏涣参加科场应试，苏氏子弟在举业上的成功也令这个家族从川蜀边陲走向了更广阔的天地。生长在这样家庭中的苏洵也从游荡不学转而投身学术、手不释卷，此时的苏氏家风呈现出“耕读传家”的文雅形态。

凭借着超凡的毅力，无师无友的苏洵用了近十年的时间闭户读书，从困于场屋的士子转身而成一代大家。他博识多通，举凡政治、军事、经济、文史无一不驾轻就熟，在年近五十的时候，以布衣之身扬名于京师。然而大器晚成的苏洵却未能在仕途上一展才华，他一生官阶低微、尺板斗食，虽有才笔却因为非科举进身而备受冷落。他为人耿介拔俗，朝政得失无不直抒己见，略无隐讳，即使在困厄之中也仍旧不忘为百姓建言。“尝有志于当世”但“不见用于当世”的苏洵虽然在政治上始终郁郁不得志，但他以自己的才学开创了苏氏蜀学，与荆公新学、二程洛学相鼎立。他以诗书文章教子，并逐渐形成了博洽经史、通文达艺的苏氏家学，也为家风中注入了“诗书传家”“志存高远”的精神内核。

肇始于苏杲、苏序，发展于苏洵的苏氏家风，在苏轼、苏辙一辈臻于至善。苏轼超然达观、潇洒出尘，苏辙静厚持重、沉静简洁，虽性格迥异但一生休戚与共的两兄弟也让此时的家风呈现了更为丰富的形态。

苏轼多才多艺，是历史上罕见的文化全才，他在诗文书画领域都有着极高的造诣：其文自然畅达，如行云流水；其诗风格多样、清新豪健；其词开豪放一派，与婉约并驾；他的书法位列“宋四家”之首，擅画枯木竹石的他还是“湖州竹派”的领军人物。在学术上，他继承和发展了父亲开创的蜀学；在交游上，他身边文人雅集，布衣百姓亦是他的座上宾客，他故交遍布天下，奖掖荐拔的英才难以计数，尤以“苏门六君子”最为出名；而在医药、养生、烹饪、水利、器用等方面,他也都有自己的创建和发现。不仅如此，他少年时期便登科折桂，获得了制科考试的最高等第；他为官极有政声，因法便民，政绩斐然；他官至翰林学士、知制诰，是宰相的后备人选，衣绶朱紫。但他一生仕途坎坷，身陷党争之中不能自拔，屡屡因诗文被构陷，大半生时光都在贬谪之中度过。虽如此，他却始终能以宠辱不惊的达观心态面对人生的起伏，不管在何种境地，他都能以诗人的文雅心怀淡然处之。他以自己丰富多变的人生经历为苏氏家风注入了“为政以德”“雅道传家”“宠辱不惊”的多样内容。

北宋后期，酷烈的党争不仅使苏轼、苏辙两兄弟再难被重用，仕宦沉浮不定，也使得原本迅速崛起的苏氏家族深陷党禁的泥沼之中。苏氏子孙求仕无门，再难维持家族盛势，复又沉寂于世。在这种境况下，苏氏子孙严守家规庭训以期绍继家学，并逐渐形成了内敛的家风，以“闭户治田”求远祸全身之道。在经历金兵入侵的国破家亡之后，苏氏子孙四散飘零。虽然党禁之后苏氏子孙的命运稍有好转，但是文化身份的提高却并未带来政治地位的明显改变，家族子弟中也再无当轴之士能挽救家族于水火之中，沉寂下僚的命运也无力回天。

“门前万竿竹，堂上四库书”的苏氏家族虽然自此湮没无闻，但苏氏子弟的风采传奇却一如“三苏”的丰富诗篇历千年还灿然犹存。

正是：

宦迹渺难寻，只博得三杰一门，前无古，后无今，器识文章浩若江河行大地；

天心原有属，任凭它千磨万炼，扬不清，沉不浊，父子兄弟依然风雨共名山。

第一章

# 眉山苏氏的源流

“参天之木，必有其根；环山之水，必有其源。”眉山苏氏，相传出于黄帝，为颛顼（高阳氏）之苗裔。西周时期的苏忿生是有史料记载的苏姓第一人；东汉顺帝时，苏氏的先祖苏章官居并州[①]刺史[②]，子孙迁入赵郡，所以眉山苏氏子弟追远祖郡望，也自称赵郡苏氏；至唐武周时期，曾高居宰辅之位的苏味道被贬谪至川蜀之地，自此遂有眉山苏氏一支。

① 并州：今内蒙古、山西大部及河北部分地区。

② 刺史：职责为督察郡国，官阶低于郡守。

## 第一节 寻根问祖

家之有谱，如国之有史。“世笃忠贞、勤劳王室”的苏氏相传为颛顼之后，前自大汉之初，后至大宋之季，世有令德，代有伟人。或封公爵于右，或赠侯位于都，尚书、侍郎、都督、博士彬彬而盛，不可胜数。眉山苏氏起于唐武周时期，自武功苏氏、赵郡苏氏而一脉相承，宗支繁衍人丁茂盛，贤相良将英才辈出。

### 一、系出高阳

（一）苏姓始祖

苏氏，相传出于黄帝一支，自五帝颛顼（高阳氏）瓜瓞绵延于天下。

高阳氏的苗裔中有一人名叫樊，是夏朝的一方诸侯，被封于昆吾之地，以“己”氏为姓，后发展为强大的部落。其后代有四脉——苏、顾、温、董。苏一脉，又称“有苏氏”，在今河南济源西北立古苏国。桀时，古苏国被成汤所灭。昆吾之后历商而湮灭无闻。及至西周，苏氏一脉可考者有苏公苏忿生。他是我国最早的历史文献——《尚书》中记载的苏姓第一人，所以也被追为华夏苏姓的始祖。

武王时期，苏忿生曾任司寇[1]之职，因能止息争讼而得到了周公的赞誉。据《尚书·立政》记载："周公若曰：'太史，司寇苏公，式敬尔由狱，以长我王国。兹式有慎，以列用中罚。'"这句话是周公称赞苏忿生有丰富的处理刑狱案件的经验，说他不仅能够谨慎地处理诉讼，所给予的惩罚也很适度，所以对王朝大有裨益。因其对西周的贡献，苏忿生被封邑于苏，因此，子孙以"苏"为氏。

### 姓与氏

在古代，"姓"与"氏"并不相同。《左传·隐公八年》中的记录——"天子建德，因生以赐姓，胙之土[2]而命之氏"——很好地说明了二者的区别。这句话的意思是说，天子立有德之人为诸侯，以他们的出生之地赐姓，以他们的分封之地为氏。

简单说来，姓，是家族的称号；氏，是宗族的称号。氏是姓的分支，用以区别子孙之所自出。除了以封地为氏，也有以官位、以祖父的谥号和字为氏的。所以只有贵族有氏，平民则有名无氏。

古代还用"姓"来别婚姻，氏同、姓不同，可以互通婚姻；姓同、氏不同，则不可通婚。到了汉代以后，姓也称氏，姓与氏逐渐

① 司寇：主管刑狱，为六卿之一。

② 胙之土：帝王以土地赐封功臣，酬其勋绩，称为胙土。

合一。

周王朝中，苏忿生的子孙中还另有一位也号“苏公”，他因不满于同僚“暴公”的谗言而作了一首讽喻诗——《何人斯》。苏公和暴公都是周王的卿士，因为二人的封地交错，发生矛盾，暴公诬陷中伤苏公，于是苏公作诗以示绝交。此诗被辑录在了《诗经·小雅》中，于是两个仇敌的名字一起被永久地流传了下来。

见于《尚书》《诗经》的两位苏公，成为苏氏子孙可追溯的最早始祖。在东周襄王时期，由苏忿生所建的苏氏封国被狄所灭，而此后等待苏氏子孙的将是狼烟四起的列国纷争。幸运的是，苏氏子孙不但在战火之中保全了性命，他们中的一些人甚至还位列朝堂，左右了七国征战的态势。

（二）战国三苏

及至战国，苏忿生后人中有苏秦、苏代、苏厉兄弟继荣宗族，三人擅权谋机变之术，皆以游说诸侯各国而扬名。

苏秦，字季子，东周雒阳[①]人，师从鬼谷子[②]，游历数年，却穷极困顿。后来，他发奋读书，终学有所成。

悬梁刺股

“悬梁刺股”的典故就与苏秦有关。

“头悬梁”，出自《太平御览·人事部四》。东汉孙敬，字文

① 雒阳：今河南洛阳。

② 鬼谷子：战国时纵横家之祖，楚人，姓名传说不一，居住在颍川阳城（今河南登封东南）“鬼谷”之地，以此为号。

宝，勤奋好学，常闭户读书，焚膏继晷，晨夕不休，人称“闭户先生”。他“及至眠睡疲寝，以绳系头，悬屋梁”，后为当世大儒。

“锥刺股”，出自《战国策·秦策一》。苏秦数次游说秦王不成，面目黧黑、形容枯槁地归至家中，家人皆以其为耻。于是，他立志发奋，“读书欲睡，引锥自刺其股，血流至足”，终成一代纵横家。

学成后的苏秦游走诸国。先是得到燕国倚重，燕文侯赐车马金帛给他，命他出使赵国，以完成合纵①安燕的使命。到了赵国，苏秦对赵肃侯陈说“六国齐力抗秦”的计策，欲使六国之将相在洹水②边刳白马以结盟，得到赵肃侯的首肯。赵肃侯并赐给苏秦车一百乘、千镒③黄金、百双玉璧和锦绣千匹，作为联合诸国的资用。随后，苏秦又先后说服了韩宣王、魏襄王、齐宣王和楚威王，六国决定勠力同心，缔约结盟一致抗秦。苏秦担任从约长④，身佩六国相印，荣极一时。合纵六国之后，返回赵国的苏秦被封武安君。他将六国合纵的盟约送给秦国，将秦军挡在函谷关以西长达十五年之久。

后来，秦国派使臣犀首⑤公孙衍设计联合齐、魏攻打赵国，赵王责难

---

① 合纵：连合南北。南北为纵。战国时，秦在西方，六国土地南北相连，苏秦主张六国联合抗秦，故称合纵。

② 洹水：今安阳河。

③ 镒：古代重量单位，二十两为一镒，一说二十四两为一镒。

④ 从约长：战国时楚、齐、燕、韩、魏、赵六国盟约之长。

⑤ 犀首：古官名。类似于后代的将军名号。

苏秦，苏秦只得退身于燕国，合纵盟约破溃。到燕国后，又有人毁谤苏秦摇摆不定、叛卖国家，日后必将作乱。当时燕文侯已死，其子易王继位。虽然通过如簧的巧舌破灭了谣言，但因与燕文侯夫人有私，恐有杀身之祸的苏秦还是请求离开燕国，他对易王说自己意欲到齐国行使反间之计，以壮燕国，得到易王的允准。

在假意见罪于燕国而逃至齐国后，苏秦被齐宣王委以客卿[①]之职。后来，宣王去世，湣王即位，苏秦劝说湣王应厚葬其父以明孝道，再高筑苑囿以鸣得意之情。其用意自然是使齐国极尽奢靡之能事，湣王不明就里，十分宠信苏秦。当时，齐大夫多与苏秦争宠，争宠不得，便有人行使刺杀手段，刺客在重伤苏秦之后逃匿。为了抓住刺客，苏秦临死前让湣王声称“苏秦是燕国派来乱齐的细作”，然后车裂自己。这样，刺杀苏秦的刺客求功心切，定会自己现身。湣王依计行事，果不出苏秦所料，刺客现身后被抓，齐王将其杀死为苏秦复仇。

苏秦的弟弟苏代和苏厉，看到他们兄长取得的成就后也都发奋于纵横之术。苏秦死后，他们二人也都凭借各自机谋辅佐各国君王。

东周时期，诸国风云变幻，天下分而为七，合纵连横，历时数十年。苏秦兄弟三人审时度势，凭借机谋胆识和如簧巧舌游说列国君主，以独特的政治见地脱颖而出，备受推崇，名声显扬于世。而如果说战国时期的苏氏子孙是以口舌驰骋于不见硝烟之疆场，那么到了汉朝，苏氏子孙则凭借赫赫战功马上封侯，开启了忠君爱国的将相门风。

---

① 客卿：古代官名。请别国的人在本国做官，其位为卿，而以客礼待之，故称客卿。

## 二、家于赵郡

（一）武功苏氏

自苏秦兄弟三人之后，苏氏一族一直静寂无闻。历秦至汉初，族中也无显名之士。汉兴后，高祖刘邦下诏迁徙天下豪杰于秦地，苏氏一族也随之迁徙长安①。两汉时期，苏氏子孙遂名扬于诸侯，功显于汉室，有赫赫战功，有巍巍气节。汉代苏氏以军功起家，驰骋塞北，威行朔漠，其对手是骁勇善战的匈奴部族。

匈奴为北方部族，随畜牧而迁徙，成年男子多身披铠甲，纵马引弓，勇武好斗。自夏朝末年起，匈奴就与中原历朝屡次兵戎相见，各有成败。及至汉朝初立，匈奴已成为北方最强大的民族。

高祖六年（前201），匈奴大规模举兵攻汉，刘邦亲自领兵迎战，却出师不利，解围后，高祖派人到匈奴与之缔结和亲的盟约。此后，匈奴又不断派兵撧扰汉地，高祖只得将汉朝宗室之女送给单于做阏氏②以和亲，还要每年奉送丝绵、绸缎、酒米等，相约结为兄弟。一直觊觎汉朝的匈奴自然成为汉朝皇帝的心腹大患，培养一支可以抵御匈奴的部队成了首要大事。

至汉武帝一朝，为对抗匈奴，刘彻重用卫青、霍去病、李广等一批寒士，苏氏子孙中的苏建亦在其列。虽然他们“目未睹孙、吴之书，耳未闻金鼓之节”，但武帝看重他们的“方新之气”，认为他们可以“威行乎

---

① 长安：故城在今陕西西安市西北。原为秦离宫。

② 阏氏：汉时匈奴王妻妾的称号。

朔漠”，所以大胆起用。不出武帝所料，在与匈奴的对抗中，他们节节胜利。因平匈奴之功，苏氏子孙再次显名于庙堂之上。

元朔二年（前127），匈奴举兵入侵，车骑将军卫青领衔校尉①苏建等人出兵云中②至高阙③一带，收复河南至陇西④一带的土地，并虏获敌兵数千、牲畜数十万。因平讨之功，苏建被封平陵侯，食邑⑤一千一百户，受命修筑朔方⑥城。元朔三年至四年，匈奴反扑定襄⑦等地，杀掳数千汉人。元朔五年春，苏建以游击将军职再次追随卫青出兵朔方，大胜而归，被封右将军。

但就在元朔六年，卫青出兵定襄时，右将军苏建和前将军赵信的军队共三千余骑兵，孤军遭遇匈奴大军，奋战一日后，汉军几乎全军覆没。前将军赵信原为匈奴人，此刻见到情势危急，加之匈奴招降，于是领部将奔降单于。苏建损失全部部将，只身逃归，向大将军卫青自首请罪。因损兵折将，苏建论罪当诛，卫青征询部下意见，有人为他求情说，苏建以千人兵力御敌万人，奋力征战，兵败亦不敢有二心，自己回来请罪，所以不该处斩。卫青思忖后，将苏建交由武帝处决。后来，苏建赎刑为庶人，免死

---

① 校尉：两汉时期掌管特种军队的将领。

② 云中：今内蒙古托克托。

③ 高阙：今内蒙古杭锦后旗东北。

④ 陇西：今甘肃东南部一带。

⑤ 食邑：卿大夫的封地。收其赋税而食，故名食邑。

⑥ 朔方：今内蒙古杭锦旗北。

⑦ 定襄：今内蒙古和林格尔县西北。

罪。后又迁任代郡太守，死于任上，葬于武功[1]，后来的苏氏子孙常自称武功人，盖始于此。

## 赎刑

赎刑，即以财物赎罪。这一制度萌芽于周朝，定制于秦朝。

《尚书·吕刑》中规定，有犯罪嫌疑却又未予认定的囚犯可以赎刑，五刑（墨、劓、剕、宫、大辟）皆可用数额不等的黄铜（分别为百锾[2]、二百锾、五百锾、六百锾、千锾）赎刑。

到了秦朝，关于赎刑的规定已十分详备，除“金赎”外，还有“役赎”的形式。有鉴于秦朝刑严法苛以致秦二世而亡的局面，汉代比较注重省刑除苛，天下罪囚以财赎罪的诏令也颇多。汉时赎罪一般用黄金，如“赎死，金二斤八两”。三国两晋之际，赎刑被写入刑律，如“赎死金二斤，赎五岁刑金一斤十二两”。南北朝之际，赎刑制度更加细化与完备，如北齐律规定“重罪十条”[3]皆不在可赎之列。

隋律始创“笞、杖、徒、流、死”五刑制度，均附有赎罪法；唐因隋制；宋代对赎刑的限制较严；辽金用刑则较宋更广；明代始将赎刑分为收赎（施之于老幼废疾等）、纳赎（常规赎刑）和赎罪

---

① 武功：今陕西省武功县。

② 锾：古代重量单位，其重说法不一，一说百锾为三斤，一说为六两又大半两，一说为六两。

③ 重罪十条：即后来的“十恶”，包括谋反、谋大逆、谋叛、恶叛、不道、大不敬、不孝、不睦、不义、内乱。

（施于按律无法判决者）；清沿明制，至光绪复法，废除赎刑各条，仿西洋之例，改笞刑与杖刑为罚金。

苏建有三子，长子苏嘉为奉车都尉[①]，次子苏武得封关内侯[②]，幼子苏贤为骑都尉[③]。其中，以苏武名气为最高，威震朔方，扬名万古。

苏武，字子卿，因其父功绩，年少时就官封为郎[④]。

当时，汉朝与匈奴多次交战，双方常互相扣留使者。天汉元年（前100），匈奴且鞮侯单于继位。继位初期，为巩固政权，他意欲缓和与汉朝的关系，于是释归了全部汉朝使者。汉武帝亦派中郎将[⑤]苏武持汉朝符节[⑥]与副使张胜、属吏常惠及士卒一百余人护送匈奴使者，同时携带了大量财物。

进献财物后，苏武一行人准备返回汉朝时，却赶上匈奴缑王与虞常策划谋反之事，因虞常与汉使团副使张胜为旧识，张胜便资助了虞常一些财物。不料，虞常等人的计划败露，交战亦以失败告终。虞常被抓之后，供出张胜，单于大怒，欲杀死汉朝使者，后听从属下劝谏，派原来的汉臣卫律前去招降苏武一行人。

---

① 奉车都尉：官名。掌御乘舆马。

② 关内侯：爵名。爵的第十九级。

③ 骑都尉：监羽林骑。

④ 郎：属郎中令，有侍郎、郎中，为侍从之职。

⑤ 中郎将：秦置。西汉时，皇帝护卫、侍从分置五官、左、右三署，各设中郎将统率之，故有五官中郎将名号。位次于将军。

⑥ 符节：古时使臣执以示信之物。

苏武知道单于用意后，慷慨陈词道："屈节辱命，虽生，又以何面目归汉！"说完之后欲引刀自尽，被卫律救下。苏武伤势好转后，卫律又意图通过威逼利诱的方式迫使其归降，苏武皆不为所动。单于将苏武囚禁于窖中，并断绝粮食和水的供给。苏武饮雪吞毡，几日不死，匈奴人以他是神人，十分惧怕，便将他放逐到北海①杳无人烟的地方牧羊，并说只有公羊下小羊才准许他归来。

到北海之后，苏武挖野鼠贮藏的草籽充饥。当时，又有原汉臣李陵②来劝降，说苏武家中丁口早已四散飘零，母亲、兄弟已死，妻子改嫁，并劝他说人生如朝露，何必自苦。苏武说："我们父子无功无德，由于皇帝提拔，才能列位将侯，兄弟三人都为皇帝近臣，常愿肝脑涂地以报君恩。如今能杀身报国，即便受斧钺汤镬之刑，也心甘情愿。臣事君，如子事父，虽死，却无憾无怨。"

在北海牧羊的苏武将符节时时带在身边，以至于节上的旄③都掉光了，当他听到汉武帝已死的消息时，面南号哭，以至呕血。武帝死后，昭帝继位，又与匈奴交好，汉朝使人寻求苏武音讯，匈奴却谎称苏武已死。后来，有汉朝使者到匈奴，知道了苏武还健在的消息，匈奴单于只好承认苏武还在世的事实，并召集苏武之前随行的属官，让他们返回汉朝。

---

① 北海：湖名，今俄罗斯境内的贝加尔湖。

② 李陵：名将李广之孙，因兵败投降匈奴，汉武帝震怒，司马迁因替其辩解而遭宫刑。

③ 旄：用牦牛尾做的装饰。

## 苏 武

### 李白

苏武在匈奴，十年持汉节。白雁上林飞，空传一书札。

牧羊边地苦，落日归心绝。渴饮月窟冰，饥餐天上雪。

东还沙塞远，北怆河梁别。泣把李陵衣，相看泪成血。

始元六年（前81），须发尽白的苏武历尽艰辛，终得以重返阔别十九年的故土。为表彰其气节和爱国之忠勇，汉昭帝授予他典属国①之职，并给予丰厚的赏赐，苏武将所得财物尽数分给兄弟和旧友。昭帝去世后，苏武参与迎立宣帝的筹划②，后被赐关内侯的爵位。神爵二年（前60），八十多岁的苏武因病去世。

甘露三年（前51），匈奴臣服，入塞朝见。宣帝感念朝臣的忠贞与气概，将股肱之臣计十一人的形貌画于麒麟阁，以彰显他们的功德。苏武以其“有杀身以成仁，无求生以害仁”的民族气节列位其中。

（二）赵郡苏氏

东汉时期，苏建的六世孙苏纯承袭先祖遗志，继续抗击匈奴，建立赫赫战功；苏纯之孙苏章为官守正不阿，是东汉时期苏氏子孙中的典范。

苏纯，字桓公，东汉永平年间（58—75）官拜奉车都尉。他治军有方，铁面无私，处事公道，又爱护部将，体恤士兵，因而有极高的声望，

---

① 典属国：官名，掌管民族交往的事务。

② 汉昭帝无子，驾崩后由其兄刘髆之子刘贺嗣位，因其言行不当，被废黜。后霍光等人又拥立汉武帝嫡长子刘据之孙刘询（刘病已）为帝，即汉宣帝。

但他性格固执，特别喜欢臧否他人，士兵们既爱戴他，又惧怕他。他的朋友们都说：“苏桓公啊，见他，怕他教训人；不见，又很想念他。”

东汉时，匈奴又屡犯汉朝边境，烧杀掠夺，边民不堪其扰。汉帝下令，集结军队北伐匈奴。苏纯奉命率兵出击匈奴、车师①。其军队英勇善战，一鼓作气击败匈奴，并缴获战马数千匹、战车数千辆，在长城以北建立防御战线，守护了北境的安宁。因其战功，苏纯被封中陵乡侯，官至南阳太守。

苏纯之孙苏章，字孺文，少年博学，擅作文章。安帝时（107—125），苏章因能直言极谏被举贤良方正②，官拜议郎③。为官时期，他针砭时弊，敢直言当局者为政的得失。苏章任武原④令时，曾在灾荒之年，开仓济民，救活三千余户人家。

汉顺帝时（126—144），苏章为冀州刺史。巡视时发现清河⑤太守的罪证，而这位太守正是苏章的故友。苏章便宴请老友，设佳肴美酒，席间尽说旧日情谊。太守大喜，以为老友定会念及昔日情谊，恕其罪失，他说：“别人都只有一重天，唯独我有两重。”不料苏章却说：“今晚，我与故人饮酒，乃是私恩；明日冀州刺史断案，却是公法。”第二天，苏章在公堂之上列举故友罪行，并依法行事。知晓刺史不徇私情，当时冀州权贵

---

① 车师：汉西域城国名。分为车师前国、车师后国，分别在今新疆吐鲁番市及吉木萨尔县一带。

② 贤良方正：汉代察举人才的科目之一，所推举之人须具备贤良正直的品格。

③ 议郎：官名，掌顾问应对。

④ 武原：今江苏邳州市西北。

⑤ 清河：今河北清河县东南。

无不畏惧收敛，当地风气为之一变。

苏章后改任并州刺史，其子孙迁入赵郡。但因不徇私情，打击摧折权贵豪族，触犯了朝廷旨意，铁面无私的苏章被罢官。失官后，他隐居乡里，很少与人往来。后来他被征召为河南尹①，但推而不就。最终于家中去世。而生活繁衍于赵郡的苏章子孙，遂成赵郡苏氏一脉，而后代苏氏子孙因追远祖郡望，也常自称是“赵郡苏氏”。

## 三、始居于眉

自东汉历魏晋南北朝，乃至于隋，赵郡苏氏一脉一直湮没无闻。及至唐武周时期，苏氏一族有苏味道再次闻名于世。然而此人的行迹，却并不为苏氏子孙所乐道。

苏味道（648—705），赵郡栾城人。九岁时，便能写就妙手文章。等到成年被推举参加进士科考试，及第后，调任咸阳尉。延载年间（694），苏味道多次升任凤阁舍人②、检校③凤阁侍郎、同凤阁鸾台平章事④，均是高官显爵，苏氏家族逐渐闻达于庙堂。圣历（698—700）初年，任凤阁侍郎、同凤阁鸾台三品。苏味道深谙为官之道，在武则天的两个面首张易之、张昌宗

---

① 尹：古代官名，春秋时楚国长官多称尹，汉代始以都城行政长官称尹。

② 凤阁舍人：即中书舍人，是中书省的属官。凤阁是唐代中书省的别称。

③ 检校：散官，即有官名而无固定执事，一般为加官。

④ 同凤阁鸾台平章事：即“同中书门下平章事”。唐代以尚书、中书、门下三省长官为宰相，因其官位隆重，故不常设，由其他官员代行职务，称为“同中书门下平章事”。鸾台是唐代门下省的别称。

二兄弟入宫后，苏味道迅速成为他们的党羽，此后的宦途也是顺风顺水。

苏味道居宰相高位数年，却无所创新，毫无建树。他圆滑行事只为自保，周旋官场只知迎合，他的为官之道，也甚为简单："处理政务时，切忌决断明白，一旦出错就会招致责罚，所以只需模棱两可就行了。"所以人们戏称这位宰辅为"苏模棱"。

长安年间（701—704），苏味道请求回乡为双亲改葬，武则天诏令州县供给他另择坟茔所需的财物。然而，由于他侵毁乡人墓田、工费使用过度而遭御史①弹劾，被贬为坊州②刺史。但因党附张易之、张昌宗兄弟，依仗武则天对兄弟二人的恩宠，苏味道虽无功无德甚至有过，却依然能够化险为夷，起落之后仍身居高位。然而随着武则天政权被交割，张氏兄弟被枭首示众，苏味道的政治生涯也终至尽头。

神龙元年（705）正月，武则天病笃，卧床不起，宠臣张易之、张昌宗兄弟侍侧。宰相张柬之等人交结禁军统领李多祚，佯称张氏兄弟谋反，发动兵变，率禁军冲入宫中，杀死二张兄弟后包围武则天的寝宫，要求武则天退位，史称"神龙政变"。政变后，在肃清二张党羽过程中，苏味道被贬为眉州③刺史。后来，又调任益州④长史，于途中去世。当时，苏味道有一子留于眉州，自此，苏氏便有了眉山一支。

---

① 御史：行弹劾纠察之权。

② 坊州：今陕西黄陵县。

③ 眉州：今四川眉山。

④ 益州：今四川成都。

## 第二节 起于寒微

起于唐武周时期的眉山苏氏，也曾是钟鸣鼎食、门庭赫奕的一族，但由于苏味道被贬官，又历五代的战火硝烟，及至宋朝，当年家族盛势早已不在，苏氏子孙均沉寂于眉山乡间，莫显于世，眉山苏氏遂成一介寒族。起于寒微的苏氏子孙虽家贫，却急公好义，苏杲倾囊助邻、苏序鬻田救灾，父子侠义之名传扬乡里，是为“扶危济困”“任达洒脱”之苏氏家风的初始。

### 一、眉山苏氏的谱序

四川眉山为古眉州治所，在乐山以北，素有“千载诗书城”之赞誉。此地“学者独盛，以诗书为业，以名节相尚”，更以出了“眉山三苏”而饮誉四海，但对于三苏的祖上来说，此后家族的显名和子孙的祸福还全然不可预见。迁居于眉州的苏氏家族中一直没有显达之士，苏氏谱牒亦散失亡佚，后经苏洵查考，可略知五代。

眉山苏氏家族中可追溯最远者为苏泾，但其事迹已湮没于历史的林莽之间不可辨识。只知苏泾之子苏釿，以侠气闻于乡闾。苏釿和妻子黄氏，育子五人，幼子苏祜品行俱佳，又以才干精敏而见称。

苏祜生于唐哀帝天祐二年（905），卒于周世宗显德五年（958），他的一生伴随五代的始终。他的妻子是唐苗裔李氏，李氏之祖为曹王李明[①]之后。李氏为人严毅，居家肃然。二人育有五子，宗善、宗晏、宗昪三子为人循规蹈矩，幼子宗晁轻狂难教，四子苏杲为人乐善好施，笃爱兄弟，诚信于友，在族人中口碑最好，所以可考的事迹也最多。

## 二、侠肝义胆的苏杲

苏杲，约生于五代开运元年（944），卒于宋淳化五年（994）。

苏杲性情和顺，能尽孝父母，笃爱兄弟，诚信朋友。来自亲朋请托之事，无不尽心竭力。当时，苏氏族中兄弟苏玩因罪入狱，被逮捕前对苏杲说："入狱后，若判死刑，我的妻小就托付给你了。"后来，苏玩被释放出狱，见到苏杲后对他说："我并非没有其他兄弟，只是能托付生死大事的，就只有你了。"

苏杲还善于置业经营，所以家境要比普通人家优渥，但因他急公好义，对路见不平之事总是仗义疏财，对衣食交困之人亦能倾囊相助，久而

① 李明：为李世民第十四子，与废太子李贤通谋，降封零陵王，后被逼自尽。其后世李瑜失官，居于眉州丹棱。

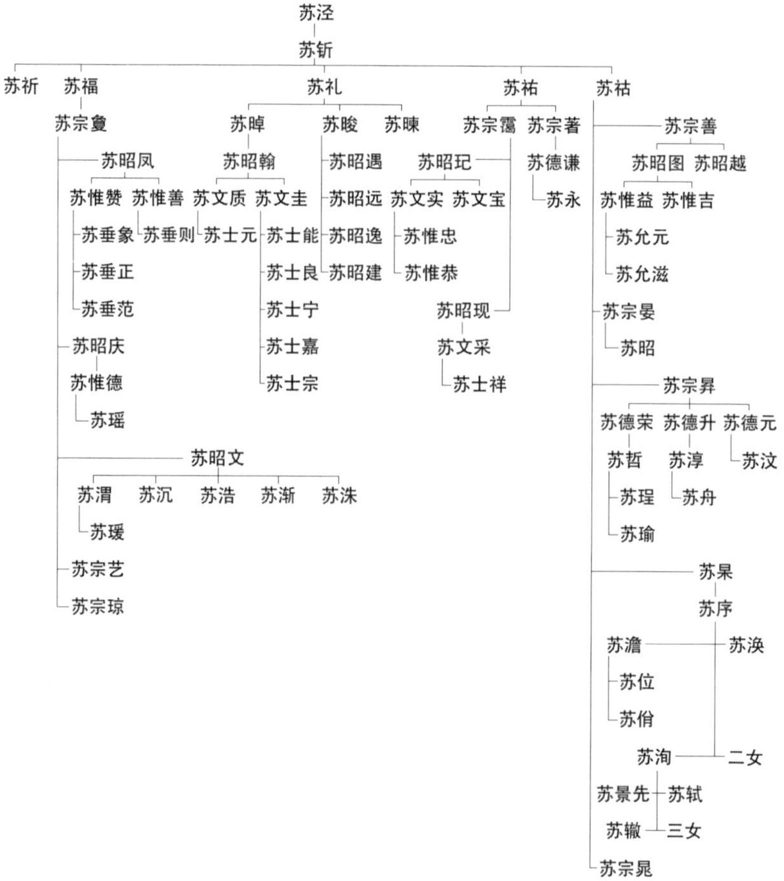
苏泾
苏釿
苏祈
苏福
苏礼
苏祐
苏祜
苏宗晝
苏晫
苏晙
苏暕
苏宗霭
苏宗著
苏宗善
苏昭凤
苏昭翰
苏昭遇
苏昭玘
苏德谦
苏昭图
苏昭越
苏惟赞
苏惟善
苏文质
苏文圭
苏昭远
苏文实
苏文宝
苏永
苏惟益
苏惟吉
苏垂象
苏垂则
苏士元
苏士能
苏昭逸
苏惟忠
苏允元
苏垂正
苏士良
苏昭建
苏惟恭
苏允滋
苏垂范
苏士宁
苏昭现
苏宗晏
苏昭庆
苏士嘉
苏文采
苏昭
苏惟德
苏士宗
苏士祥
苏宗昪
苏瑶
苏德荣
苏德升
苏德元
苏昭文
苏哲
苏淳
苏汶
苏渭
苏沉
苏浩
苏渐
苏洙
苏理
苏舟
苏瑗
苏瑜
苏宗艺
苏杲
苏宗琼
苏序
苏澹
苏涣
苏位
苏佾
苏洵
二女
苏景先
苏轼
苏辙
三女
苏宗晁

苏泾—苏轼七代谱系图

久之，终致破业。尽管如此，他却并不乐于别人知晓他的善举，他对家人说：“多财而不施，恐怕别人也会谋我钱财。而若使他人知晓我疏财，人家又会以为我好名。”但久而久之，苏杲的侠义心怀还是口口相传，乡闾之人无论亲疏，都乐于与他来往。

乾德二年（964），宋太祖发兵攻打后蜀，次年，孟昶投降，后蜀灭亡，当时蜀地的达官显贵大多舍弃田宅以求入宋为官。当乡党族人皆争相占领这些田宅时，苏杲却不为所动，他担心自己一时的争占会立子孙于危墙之下。

苏杲和妻子宋氏，共有九子，不幸的是，有八子先后夭亡，独存七子苏序。苏杲临终前，宋氏拉着苏序的手问苏杲：“你打算把他托付给哪个兄弟呢？”苏杲回答说：“他若是贤良，就算不是我的兄弟也会亲近于他；若非如此，就算是我的兄弟也终究会弃他不顾。与其托付他人，不如你自己好好管教吧。”说完便离世了。

苏杲终其一生，仅留下了不满两顷的土地和破败的茅屋一间，但与此同时也留下了他的侠义之名和对宋氏教子的殷切希望。此后，苏氏子孙虽然不仕于朝，但是侠气之名屡屡闻于乡闾，几代人都能仗义疏财、救危扶困。

对于身处五代乱世之中的人来说，保全家族丁口平安方为第一要务，行有余力，能与邻里患难相恤已是难能可贵了。而苏序亦不负双亲所望，不仅承袭了父亲的侠肝义胆，而且还过着快意恩仇的诗酒人生。

## 三、仗剑恩仇的苏序

苏序，字仲先，生于开宝六年（973），卒于庆历七年（1047）。娶妻史氏，育有三子——苏澹、苏涣和苏洵。

因在苏杲九子中行七，所以苏序又称苏七君。少时的苏序虽然天资聪颖，但在读书上却并不用心，每每捧书而读时，常常是知其大意便将书册抛诸脑后。长大后的苏序相貌俊朗，气度雍容，虽性情豪放不羁，但为人谦逊，开始时人们见到苏序总是对士大夫曲躬尽敬，还以为他是谄媚之徒，后来见他对田夫野老也是同样的态度，才消除了误会。有着侠骨柔肠的苏序常赈济困厄之中的乡民，有乃父之风。

住在乡间时，他在屋子四围遍种芋头，又将家中为数不多的旱田全部用来种粟，庄稼熟了的时候，他还将家中的米全都置换成粟，然后用米仓储存起来。几年下来，所存的粟多达三四千石[①]。当时人们觉得奇怪，等到了灾荒之年才知其用意。淳化四年（993），川蜀大地发生严重旱灾，农田颗粒无收，苏序开仓放粮时说："较之于米，谷物更易存储，贮藏的时间也更长久，所以待至荒年便可渡过难关。"当时，苏序的族人、妻子的娘家亲人，以及佃户和乡里之中的贫困之家，都得到了救助。因为苏序的远见卓识和古道热肠，在饿殍遍野的川蜀大地，很多眉山人却无饥馑之忧、无荒年之患。

但是因为这一年的灾荒十分严重，所以常有因受灾而流亡到眉山的饥民，苏序又将原本种在房子四周的芋头挖出来蒸熟后放在门口，任人取食。芋头一类块茎植物不仅果实周年可采，而且产量极高，一旦遭逢灾荒之年，便可蒸食，藤蔓还可作为家中的柴火和牲口的草料，可谓一举多

① 石：容量单位，十斗为一石；又为重量单位，一百二十斤为一石。

得，这也正是苏序在房子四周遍植芋头的原因。

如果说将家中所储粮食赈济乡里，是苏序从父亲苏杲那里承袭而来的浩然之气，那么为了救济村中灾民将自家田地卖掉，则可称得上是他自发的圣贤之举了。而待到丰年，乡人准备偿还他卖屋的钱并对其表达谢意的时候，他却说："我本来就有卖掉房子的打算，并不是因为你们的缘故啊。"不求扬名于世，亦藏其嘉言懿行，久而久之，乡人们都说，古代有隐德的君子，也不过如此。

苏序的父亲苏杲就是在灾荒发生的第二年去世的，而就在这一年，蜀地还发生了严重的叛乱。当时，李顺聚啸西蜀，聚众对抗宋廷，领兵攻打眉州。苏序给父亲办理丧事之时，恰逢战事吃紧之际，族中之人莫不相视垂泪，都觉得大难临头。唯有年轻的苏序如若平常，为父治丧，竭尽哀思，执守礼节，他安慰母亲宋氏说："朝廷不会弃我们不顾，李顺他们很快就会兵败的。"不出苏序所料，当时朝廷派王继恩、雷有终领兵平叛，成都攻破后，李顺兵败。

苏序个性洒脱，他和父亲一样，待人不分亲疏，总是竭尽自己所能帮助别人。他也从不积攒钱银，当衣食有了节余，或增加开销，或施与他人。但长此以往，不免落得家业破败，多次陷入饥寒的境况之中。可待到手中宽裕时，仍是如此，彼时，他口中还念念有言："我就知道钱财终究不能捆缚于人。"

虽然苏序的个性随和，遇到欺辱他的人，他也从不加以争辩，但是面对那些恃势凌人者，却敢挺身而出，不管对方是人还是"神"。在天禧五年（1021），盛传有一位神号为"茅将军"的神降至眉州，巫师们推波助澜，说茅将军可以庇佑一方百姓，只有前去求福禳灾才能避祸。听闻消息的眉州百姓皆去祷告，并修建了一座庙宇来供奉茅将军，此后香火不断，茅将军的庙宇也开始成为巫祝之士压榨眉州百姓的工具之一。有一天，苏序趁着酒意带领村仆二十余人闯入庙中，将威武的茅将军塑像捣毁，丢弃至小溪中。结果犯此“大逆”的苏序却并未大祸临头，所以托言茅将军的福祸之事自然也就销声匿迹了。

在对待三个儿子的问题上，苏序也不改洒脱本色，当时大儿子苏澹和二儿子苏涣都有志于学，但是自五代以来，眉山之地向学者不多，因为战乱此起彼伏，士人为避灾祸，多修身于家、为政于乡，不肯出仕，这种风气也一直延续到宋初。但是苏序并不在乎长久以来形成的“怀慕亲戚乡党，不肯出仕”的蜀地风气，他十分支持两个儿子的为学之路，虽然家中经济困窘，他也不以为意。在苏序的带领下，蜀地的求学和举业才渐成风气。

天圣二年（1024），二儿子苏涣进士登科的消息传来，一时间沸腾乡里，前去迎接的父老百里不绝，苏序自然也是喜不自胜，亲自去往剑门迎接苏涣。在路过七家岭时，又见一大庙，眼见这庙也被称为茅将军庙，一时忘了此行目的的苏序又要领大家捣毁神庙。这时，一个庙吏迎出来，拜道：“莫非您就是苏七君吗？昨天晚上我梦到茅将军边流泪边对我说：‘明天苏七君会来，我很害怕，请代我哀求苏七君，请他宽恕于我，且存此庙宇，让我乞食于此吧。’”左右之人也纷纷劝解，都说快去迎接儿子吧，苏序这才作罢。

苏涣官满三年，升开宝监，而根据朝廷封赠的惯例，苏序也被授大理评事[1]一职。得知封赠的消息时，苏序正在与人饮酒高歌，虽说心里高兴，但是也没有特别的表示。和苏序一起得到封赠的还有程浚的父亲，程家家境殷实，得到消息后的程家准备大肆庆贺一番，因为苏程两家有姻亲，所以他们找到苏序想一起商议庆贺之事，但发现苏序并无此意，他只是高兴地说："儿子写信来说，做官的器用物什还要寄过来呢。"

### 封　赠

封赠，是指古代王朝参照臣子的官阶和功绩，将官爵授予其父母、祖父母、曾祖父母的制度。父祖尚在人世的称"封"，不在人世的称"赠"。

封赠主要有两种形式，即常规封赠和特例封赠。常规封赠，也称考满封赠，以三年为期，考核官员的业绩，以此为凭据，对其父祖进行封赠。特例封赠，包括旌忠封赠、旌劳封赠和基于多种国家大庆典的覃恩封赠。

封赠起自晋宋时期，基本上只封赠父母，极少延及祖父母。唐末以后，宰相贵臣可追赠三代。明清时期，一品文武官员封赠三代，二品、三品封赠两代，四品至七品封赠一代。

苏序的封诰以及簪缨[2]、官服、笏板[3]、交椅[4]、衣帽等一应物品寄到

① 大理评事：官名。大理寺属官，与大理正、丞分掌断狱，后为寄禄官。

② 簪缨：古代官吏的冠饰。

③ 笏板：古代朝会时所执的手板，有事则记于其上，以备遗忘。

④ 交椅：可折叠的座椅。

的时候，他正在外面吃着牛肉、喝着酒。半醉半醒的苏序把朝廷给他夫人的一顶小帽戴在头上，拿过封诰，箕踞[①]而坐，高声朗读之后，就把所有的东西连同未吃完的牛肉都装入大布囊中，命一个村童担着担子，自己则骑着一头小毛驴往城里走。城里的人听说此事，也都往郊外相迎，想一睹新官的风采。当途中相遇时，人们看到一个村童担着大布囊，旁边的小毛驴上坐着一个半醉半醒、头上还有一顶小帽的老头，都不禁哈哈大笑起来。

旷达不羁的苏序在面对残暴苛政、搅扰百姓的郡吏时，却一改他的好脾性，不仅横眉冷对，还作诗加以讥讽。虽然自己不善读书，但苏序却写下了很多诗歌，上至朝廷郡邑之大事，下至乡闾子孙渔猎治生之琐事，都被他写进诗里。

可以想见，苏序的晚年生活一定是自由而快乐的，他的心性旷达，妻子曾是眉州的大家闺秀，仁慈宽厚，虽然母亲宋氏为人严毅，但是婆媳二人相处融洽。家中之事他都交给小儿子苏洵打理，自己则拿着酒壶在村中与人饮酒为乐，加之二儿子苏涣进士及第，自己又为人豁达，自然在乡村民间深受敬重，生活好不安逸。

只是有一样，他的幼子苏洵和他一样喜欢四处游荡，不爱读书，周围的人提起小儿子苏洵时，总是忧心忡忡，希望他能向哥哥们看齐，然而苏序却并不在意，反而说："他并不是一个让人担心他不学习的人。"

---

① 箕踞：古时没有椅凳，坐则跪坐，以此为敬。如果伸两足，双手放置于双膝之上，则像一只簸箕，这是一种傲慢不敬、不拘礼节的仪态。

当然，后面的事我们都知道，“二十七，始发愤”的苏老泉——苏洵不但本人在史学、文学、政论方面都有着极高的造诣，而且培养了苏轼和苏辙二兄弟，父子三人并称“三苏”，苏氏家族独步宋代文坛。那么，苏洵小时候到底是什么样的人？为何一面令别人忧心忡忡，一面其父又对其十分信任呢？

苏轼行草书醉翁亭记 苏书尾跋

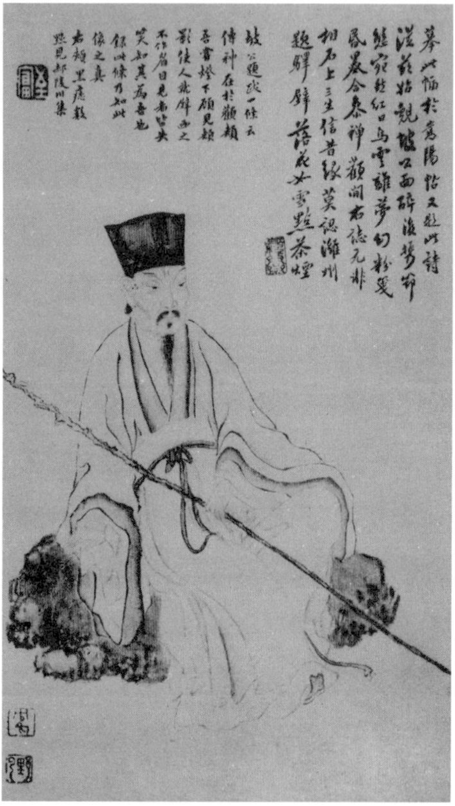

苏轼像

第二章

# 大器晚成的苏洵

苏氏家风肇始于苏杲、苏序，发展于苏洵。苏洵以布衣之身驱驰于京师，眉山苏氏再次闻达于庙堂，他亲自教习的两个儿子苏轼和苏辙少时便扬名天下。然而，纵观苏洵一生却是命运多舛：他少时游荡不学，二十七岁才开始发愤读书，但此后屡试不第；虽然遍交当朝权贵，却仍旧求仕无门；他一生写就了大量政论和军事文章来言明为政立场，与他的学识和名望相比，一生官阶低微，他五十三岁才从九品升至八品，始终郁郁不得志。但他为人耿介拔俗，为文“博辩宏伟”，是一代散文大家，并为家族确立了“诗书传家”“志存高远”的雅士家风，而博洽经史、通文达艺的苏氏家学亦自苏洵发端。

## 第一节 闭户读书

起于寒微的苏氏，要想显名于世，参加科举考试无疑是最佳的途径，即所谓“朝为田舍郎，暮登天子堂”。大一统的宋朝，较之前朝，开科取士已有扩张之势，重文事、轻武备的国策也使朝廷和地方都更加重视文官，认清了这一点的苏序就极力支持子弟通过读书步入仕途，二儿子苏涣便经由此途进士及第，然而，他的小儿子苏洵却志不在此。

### 一、少不喜学

苏洵，字明允，人称老苏、文安先生、眉山先生，也称老泉、老泉先生。他生于大中祥符二年（1009），卒于治平三年（1066）。

十岁时的苏洵便能作诗文，但少年时代的他和父亲一样，并不喜欢读书，而是喜欢游历山水，经常和朋友流连于岷峨的山水之间，“山川看不厌，浩然遂忘还”。虽然巴山蜀水的优美景色涵养了苏洵浩然的气概，磨炼了他的意志，但游荡不学的后果便是在科举考试中的接连失意。

哥哥苏涣进士及第时，苏洵十六岁。两年之后的天圣四年（1026），皇帝下诏令礼部贡举，苏洵也想一试，但在解试时就名落孙山了。然而此时的苏洵和父亲苏序似乎并不以为意：一方面，苏序将治家之事都交给儿子打理，但两个哥哥都一心向学，而当时苏涣已经外出为官，家中大小诸事都由苏洵总领，所以此时的他并未对仕途表现出强烈的渴望；另一方面，苏洵和父亲苏序似乎都坚信，“为人聪明，辨智过人”的苏洵若想通过科举求取功名其实并非难事。所以苏序从未干预小儿子在外游山玩水，甚至当别人问他为何不管教苏洵的时候，苏序还轻飘飘地对别人说：“你们对他有所不知，难道我还需要担心他不学习吗？”

只是，他们父子俩并不知道，进士科考令日后的苏洵吃尽了苦头，甚至在他立志发愤读书之后，他的科举之路也并非坦途，他一而再、再而三地名落孙山，一生未曾及第，后来，他批驳科举是“持方寸之纸，书声病剽窃之文，而至享玩钟之禄”的取士方式，并不能甄选出贤良的人才，但此后他的两个儿子苏轼和苏辙却经由科举一举成名天下知。对苏洵来说，这真是“成也科举，败也科举”。

## 常科考试

科举制，产生于隋，发展于唐。宋代科举制度承袭唐制，是选拔官员最重要的途径。

宋代科举考试类型包括常科和制科。常科定期举行，制科则根据需要举行，所以科举考试通常指的就是常科考试。常科考试一般分为解试、省试和殿试三级。

解试，为各州县一级的预考，通常在秋季举行，所以也称“秋闱”。考试由州判官主持，考试合格者依成绩排列名次，并将试卷等材料一并上报礼部。

省试，是解试合格的举子参加礼部于第二年春季进行的考试，所以也称“春闱”。如果未能在当地进行解试，也可以在省试之前于礼部进行补考。省试考试内容为诗、赋、论各一篇，策[①]五道，帖经（类似于填空）《论语》十条，墨义（类似于简答）《春秋》或《礼记》十条。考试合格的，按成绩高低排序，张榜于尚书省。

殿试，是省试合格的举子参加由皇帝亲自主持的考试。殿试成绩分为五等，再根据五等成绩将录取的举子分为三甲，一、二等赐进士及第，三等赐进士出身，四、五等赐同进士出身。

科考失意后的第二年，十九岁的苏洵迎来了自己人生中的一件大事——迎娶程氏。正所谓“考场失意，情场得意”，命运为他安排了一位秀外慧中、坚毅果敢的贤内助——程氏。

## 二、娶妻程氏

程氏，生于大中祥符三年（1010），卒于嘉祐二年（1057）。

程家是眉山望族，程氏从小受过良好的教育，知书达理。程氏之祖程

---

① 策：文体之一。以议论为主。君王对臣下发布制令，臣下撰策上呈，考试取士提问令应试者对答和应试者所答等，都可称为策。

仁霸宅心仁厚，曾摄录事参军[1]，其父是眉山大理寺丞[2]程文应，其兄程浚与苏涣同科进士及第，程氏家族在当地也算得上是朱门富户。

十八岁的程氏嫁给苏洵时，苏家由于苏序的博施广济、不善积财而成为败落门庭。家境优渥的程氏嫁入苏家后，却毫无骄矜之色。一开始，苏氏族人都觉得是新妇矫饰，但长久下来也没有发现她有丝毫不快和傲慢无礼之处。当时有人问她："你的母家家境殷实，凭借父母对你的爱，如果求取些财物，断然不会不应允，何苦甘于粗衣粝食，过得这般简朴呢？难道还不能说句话吗？"程氏回答说："如果我求助于父母，自然可以衣食无忧。但假如因此有人说我的夫君是依仗妻子而过生活的话，势必会让他难堪，那怎么行呢。"而在面对终日游荡不学的丈夫时，程氏虽然耿耿不乐，但始终沉默不言。

当时，苏洵的祖母宋氏尚在世，虽然年纪大了，但是老人家从不宠溺子孙。孩子们甚至在走路时都会异常小心谨慎，担心鞋底发出的声音会招致老人家的责怪，足见其性情严厉。但是老太太却十分喜欢孝恭勤俭的孙媳妇程氏，总是对她青眼有加。

嫁入苏家后，程氏对苏家博施广济的家风也十分认同。当她看自家的财物有盈余时，就感叹说："这难道就是所谓的福气吗？如果财富积累过多，必将使我的子孙受钱财的蒙蔽啊。"于是，她就用多余的钱帮助生活困窘的亲戚，或为他们嫁女娶妻，或为他们置办产业。对于有燃眉之急的

---

① 录事参军：主管州府衙内庶务、户婚诉讼并通书六曹案牍之事。

② 大理寺丞：大理寺为掌管刑狱的机构；丞为副职。

同乡人，她也时常施以援手，周济财物。到程氏去世的时候，家中甚至没有可供一年使用的财物储备。

苏洵与程氏育有子女六人，长子景先和三个女儿都早夭，唯独二子苏轼和幼子苏辙活了下来。在苏洵外出游学时，程氏便亲自教导兄弟二人。如果说母亲花费心思和精力教育孩子还属常情，那么，除此之外，既要谋求生计养家，还要独自承担全部家事，只为丈夫能够一心向学，就绝非易事了，而程氏就是这样做的。

## 三、发愤苦读

除了游览家乡风光，苏洵还多次出川云游天下。

自明道二年（1033）起，二十五岁的苏洵还曾和多位好友共同出川云游天下，苏洵的好友中有的旷达不羁，有的才气过人，他们能写奇文、擅发怪论，都是胸怀大志、忧国忧民的岩穴之士。社会的游历不仅开阔了苏洵的眼界，也让他渐知读书的用处，但因自恃才情甚高，在为学上并未刻意厉行，但这一切突然在景祐二年（1035）发生了巨大的变化。

“苏老泉，二十七。始发愤，读书籍。”——我国传统蒙书《三字经》中对苏洵的这句记述被广为传诵，而事实也正是如此，苏洵突然在自己二十七岁时“谢其素所往来少年，闭户读书为文辞”。究其原因，大概有两个：一是看到兄长苏涣以科举步入仕途，自己受到震动才会有发愤之举；又或许是丁忧[①]在家的苏涣终日苦心劝导这位弟弟向学，才导致他

---

① 明道元年（1032），其母史夫人去世，苏涣去录事参军之职。

下决心发愤读书。虽然其缘由无法定论，但可以肯定的是，自二十七岁开始，苏洵的人生大换模样，如果说之前名山大川的游历只是涵养了苏洵的胸怀，那么此后寄身典籍之中苦读的他则找到了另一重山和另一重天。

对于已近而立之年、早已经娶妻生子的苏洵来说，他似乎并不担忧自己为学已晚，他对夫人程氏说："依我看，现在学习也还来得及。只不过全家要依赖我而过生活，如果我去求学，家中没有了生活来源，那该怎么办呢？"听到苏洵的此番话语，程夫人非但毫无惧意，反而面有喜色，她说："我很早就想说这件事了，只是不想让你因为我才学习！你如果有志向，就让我来承受生活的劳累吧。"有了妻子的鼎力相助和支持，二十七岁的苏洵开始专志于学，埋头苦读，不理尘世的骤变万千。

然而，此后的坎坷之路，却令苏家上下唏嘘不已，尽管苏洵才情甚高，尽管他闭门谢客一心苦读，但科举的大门却始终对他紧闭。科举不第，甚至成为一个魔咒，这个魔咒困扰了苏洵一生，哪怕他在晚年名动京师之时，对考试一事，仍旧"每思至此，即为寒心"。

## 第二节 时运不济

纵观苏洵一生，他有很多引以为傲之事，比如他不仅有深明大义、理解并支持他的父亲，也有能够勉夫教子、温婉可人的妻子，更有少年折桂、名扬天下的两个儿子。不过这些也似乎花掉了苏洵全部的好运气，因为多半时候苏洵总是厄运连连：虽有才学却屡试不第，儿女成群却先后殒没。但命运有时就是这样，忽高忽低、起伏难定，也似乎只有这样，人生才能有滋有味。

### 一、屡试不第

经过一年多“焚膏油以继晷，恒兀兀以穷年”的辛苦努力，二十九岁的苏洵在景祐四年（1037）再举进士。他出三峡，经荆门，胸怀万丈豪气，“振鞭入京师”，决心在科举的道路上一鸣惊人。

景祐五年（1038），苏洵在解试成功后，与亲戚石昌言[①]等人一起参加礼部的省试，同年参加省试的还有欧阳修、范镇和司马光。三月十七日，仁宗皇帝在崇政殿殿试礼部奏名的进士，欧阳修等皆得以高中，但苏洵并不在其列。这次应试，他再次功败垂成，铩羽而归。

孤注一掷的努力换来的却是科考场上的失意，心灰意冷的苏洵悻悻而归。他在诗中写道：

悠悠故乡念，中夜成惨然。

《五噫》不复留，驰车走轘辕。

《五噫》，是指东汉梁鸿所作的《五噫歌》。当时登上北邙山的梁鸿，看到帝都皇城宫室崔嵬，感叹百姓辛劳悲苦没有尽头，借诗以遣内心不得志的愤懑和不满。苏洵借“五噫”的典故表达了自己不得志的惆怅和对朝廷的失望，这也是他落第回家时阴郁心情的写照。可当他回到家之后，又一个巨大的打击迎头而至，他的长子苏景先夭亡了。

此后的六年，苏洵未再参加科举考试，一直淹留家中，或教苏轼读书，或和朋友交游，直到范仲淹等人推行“庆历新政”之后的庆历五年（1045）他才再赴京城，因为接连受挫的苏洵在庆历新政的改革举措中，又看到了中举的希望。

庆历三年的赵宋王朝立国已有八十多年，很多社会问题开始凸显，范仲淹将当时的朝局问题总结为“纲纪制度，日削月侵，官壅于下，民困于外，敌人骄盛，寇盗横炽”，在这种内忧外患的情势下，仁宗皇帝下令进

---

① 苏洵的幼姊嫁给了石昌言的弟弟石扬言。

行改革，责令执政大臣条奏政事。范仲淹临危受命，呈上《答手诏条陈十事》，指出朝政积弊，并提出十条改革主张。其中第三条即为对科举制度的改革，范仲淹认为“以辞赋取进士，以墨义取诸科”，是“舍大方而趋小道”，这样做的结果就是“虽济济盈庭，求有才有识者十无一二”，所以他主张先策略后诗赋，诸科墨义之外，更应通经旨，使举子不专辞藻，必明道理。以上这些改革举措，与苏洵不擅属对声律而长于策论相一致，自然燃起了他再次参加科考的愿望。

庆历五年，三十七岁的苏洵再次入京，准备参加次年的制科考试。经过长安时，苏洵见到了石昌言，他将自己所作的十数篇文章给石昌言过目，石昌言读过之后大加赞赏。苏洵听了石昌言的评价，十分高兴，一直悬心吊胆的他才稍稍放下心来，后来他在文章中写到这件事时说：“我晚学而无师，虽然每天写文章，但总是自惭形秽，直到听昌言这般说，才感到些许欣喜。”可就在此时，又传来了刚刚兴起的庆历新政失败的消息，苏洵仰天叹息，感叹自己命运的不济。次年八月十六日，仁宗皇帝在崇政殿举行策试，苏洵依旧不在名单中。

可以想见，三次科考均失利的苏洵，很难不对自己产生怀疑。为了疏散落第的苦闷，此次他并未直接归蜀，而是先从嵩洛取道庐山，登上庐山观看飞瀑后，又到虔州天竺寺游览。当苏洵准备继续畅游南岭时，父亲苏序病逝的噩耗从家乡传来，他只好匆匆返蜀。

父亲离世、科举接连败北，厄运似乎一直跟苏洵如影随形，但命运给苏洵的打击还远不止这些。六个子女中，已经有三个先后夭亡，多年以后，他喜欢的幼女也离开了人世。子嗣的接连凋零，犹如一双死死钳住咽喉的手，让苏洵和程夫人透不过气来。

## 二、子嗣多舛

天圣六年（1028），即苏洵和程夫人结婚的第二年，他们的第一个孩子，也是他们的长女降生了，但不久便夭折了，此后二人一直无子。旧时崇尚多子多福，苏洵自然也是求子心切。天圣八年的九月初九重阳日，二十二岁的苏洵到玉局化[①]的道场玉局观求子，在专为人求取子嗣的卦肆中，苏洵见到一张画像，其画笔法清奇，题词写着：“张仙也，有感必应。”

### 送子神——张仙

求子，是民间习俗之一，在民间信仰中，不同民间宗教教派都发展出了自己的送子神仙，如送子观音是佛教的神祇，而道教中的送子神，便是张仙。

据载，张仙的原型是后蜀的末代皇帝孟昶。宋太祖平灭后蜀，孟昶的宠妃花蕊夫人没入宋宫，花蕊夫人心系旧主，携一轴绘有孟昶肖像的《张弓挟弹图》，托名“张仙”，又谎称祭祀张仙可以佑人得子，以便能时时供奉在宋宫。后来，这一说法流传至民间，有祈求子嗣的人家，都会悬挂此图。

后来，民间又有“张仙射狗”的传说。民间认为“天狗在天掩日月，在地啖孩童”，天狗会从烟囱钻到家里，惊吓或吃掉小孩。

① 玉局化：在今四川成都。

而张仙可以张弓驱逐天狗，保护孩童。张仙射狗，也逐渐成为常见的年画题材，被张贴在烟囱旁，以保家中孩童康吉。

求子心切的苏洵用随身所佩的玉环交换了此画。得到张仙画像的苏洵，将画像悬挂于家中，每天早上诚心诚意地焚香祷告，以求得子。只不过，长子苏景先出生时已经是四年之后的景祐元年（1034）了。景祐二年，次女和幼女也相继出生。但这种添丁的喜乐祥和并没有持续太久，宝元元年（1038）和庆历六年（1046），苏洵的长子和次女相继夭亡。父母无不爱子如金玉、痛子如肺肝，可以想见，失去子女的苏洵承受了多么巨大的悲痛。

不过好在幼女健康乖巧，又喜读书，这给了接连失子的苏洵莫大宽慰。幼女名八娘，年幼的八娘勤奋好学，性情豪爽，全无女儿的忸怩之态，还能写出令父亲满意的文章，苏洵对幼女自是十分怜爱。八娘长大之后，苏洵很想给女儿配一门好婚事，在苏洵看来，给女儿找一个门当户对的夫君就好，他并不愿意高攀富贵人家，唯恐夫家薄待女儿。但当时，程夫人之兄程浚为儿子程之才求娶八娘，虽然程浚夫妻的名声在眉山并不好，但依照当时乡俗，嫁女皆重母族，前后思量，苏洵还是同意了程家的婚约。

皇祐二年（1050），十六岁的八娘嫁给了程之才。谁知，归宁的八娘一见到父亲，就哭诉公婆叔妹皆不知礼义廉耻。面对人多势众的程家，苏洵暗叹自己势单力孤，所以也只能劝女儿独善其身。然而，回到夫家的八娘因为不肯与程家上下同流合污，竟被丈夫和公婆合力虐待，八娘生下孩子后，身染重病，程家非但不为其诊治，甚至不理会八娘的死活。苏洵和程夫人去探视八娘时，发现程浚正带着小老婆在家中赌博，全家对待八娘如同路人般不闻不问。苏洵看不过，为女儿申辩几句，程浚竟说已经让巫医来为八娘驱过鬼怪了，苏洵怒道“巫医岂能治病”，程浚却还反过来讥笑苏洵所学不纯。

见此情状，苏洵和程夫人便将女儿接回家照看，经过悉心的照料和调养，八娘转危为安，渐渐康复。闻得此讯后的程家又派人将八娘的孩子抢回去，又逢人便说八娘已经康复，却不知道回家伺候公婆。就这样，还未痊愈的八娘在幼子被抢的苦闷和忧心回到程家的惊惧中郁郁而终。这一年，是皇祐四年（1052），八娘只有十八岁。

在接连失去三个子女之后，苏洵又痛失幼女。多年以后，他垂泪写了一首《自尤》诗，责怪自己把女儿嫁给程家，令明珠暗投，诗中写道：

虎咆牛触不足怪，当自为计免见吞。

深居高堂闭重键，牛虎岂能逾墙垣。

登山入泽不自爱，安可侥幸遭麒麟。

明珠美玉本无价，弃置沟上多缁磷。

只不过得失之间命运似乎早有安排，八娘出生后的第二年，苏洵的次子苏轼诞生了，长子苏景先去世后的第二年，他的幼子苏辙也诞生了。如果说两个儿子平安成长，或可宽慰这位饱经磨难的父亲，那么，日后苏轼和苏辙两兄弟取得的成就则更令苏洵喜出望外。

## 三、十年教子

景祐三年十二月十九日（1037年1月8日），苏轼生于眉山纱縠行的一座宅院内。这处宅院并非苏家私宅，而是在父亲苏洵立志发愤读书时，程夫人变卖了家中的服饰器玩，租赁在此处以做棉纱生意的。苏轼出生的这一年，苏洵正在寒窗苦读，准备第二年的进士考试。而程夫人此后既要照拂上下老小，还有棉纱生意需要照料，所以无法时刻陪伴在小苏轼身边，陪着他的是工巧勤俭的乳母任采莲，此后的很多年，她都将和苏轼及其家人一起生活，因为按照古代的习俗，乳母要跟随乳子生活一辈子。苏轼三岁时，他的弟弟苏辙也出生了，由保姆杨金莲照料。

八岁时，苏轼开始入学堂读书。两年之后，弟弟苏辙也入学堂读书。但这段时间苏洵多游学在外，还汲汲营营于科举的崎岖道路之上，并未全身心教习他的两个儿子。不过，只要苏洵在家，他就会和两个儿子一起读书。他们读书的地方，是家中庭院前面的南轩。

苏洵和夫人程氏一生不积钱银，家中有田一廛[1]，屋前种竹，家中藏书。庭院中松竹如瀑，葵花萱草如海，满庭葳蕤，又有蔬果美味飘香，浮光穿过，闪耀如银，风行林中，声如海潮，父子三人在南轩读书，所闻所见风景即如是。

自苏序去世之后，苏洵丁忧在家，此后也是长居家中，很少外出游历。如果说苏洵在举制科之前，对孩子的教育尚属偶尔为之，那么，他在居丧及此后近十年的时间则是一心在家教习两个儿子了。虽然自己屡试不第，意懒心灰，但还是寄希望于二子，并希望他们可以继承自己所学。

除了读写文章、品评历史人物的知识教育，苏洵也特别注重对兄弟二

① 一廛：泛指一块土地，一处居宅。

人品格的塑造，他常以古今之人的成败得失为题命二子讨论，并劝诫他们，身为儒士，生于世间，不能蝇营狗苟，而应治气养心，无恶于身，如若不为朝廷所用，也应将所感所知发于笔端，令世人知之。苏洵在家中积攒了数千卷书，并亲自校辑这些书，他说："读这些书，于内可以修身，在外可以治人，足矣。这也是孔子遗留下来的教育方法啊。"

苏洵在教习苏轼、苏辙两兄弟时，还常常让他们将古今学问贯通起来，训诫他们不要成为腐儒，而要学以致用。一次，父子三人共读富弼的《使北语录》，富弼评价辽国的君主时说："用兵时，人力物力财力皆有耗费，对国家不利，但是对武将有利，所以北朝武将劝国君用兵，是为了自身的利益，而非为北朝考虑，辽国君主知晓其中利害，所以不用兵。"父子三人皆叹服富弼所言清晰明了且直中要害，苏洵问兄弟俩说："古人中也有人有这样的识见吗？"苏轼回答说："严安也有这样的论述[①]，但是不如这个讲得明白。"苏洵听了很高兴，又说："前人读书都是如此，因此所谓学问，运用于实践，知识才有其价值，否则就是腐儒一个了。"与父亲共同读书也成为苏轼和苏辙年少时非常美好的记忆，很多年之后，苏辙梦回行宅，醒来之后，还惘然怀思了许久。

苏轼、苏辙兄弟二人并肩读书，常常是"读书不觉已春深"，兄弟俩的关系也一直非常融洽。但二人的个性迥异，苏轼锋芒毕露，不懂得韬光养晦之道；苏辙性格内向，沉静寡言，冲和淡泊。苏洵了解两个儿子的

---

① 严安在上书汉武帝谏用兵之事时说："深入匈奴，燔其龙城，议者美之。此人臣之利，非天下之长策也。"（《汉书·严安传》）

个性，不希望他们上演个性的悲剧，耳提面命之外，又煞费苦心地写了一篇《名二子说》以时刻提点他们。文章寄寓深重，句句表达了对二子的训诫，也字字道出了对他们的殷切希望。

## 名二子说

苏洵

轮辐盖轸，皆有职乎车，而轼独若无所为者。虽然，去轼，则吾未见其为完车也。轼乎，吾惧汝之不外饰也。

天下之车莫不由辙，而言车之功者，辙不与焉。虽然，车仆马毙，而患亦不及辙，是辙者，善处乎祸福之间也。辙乎，吾知免矣。

小孩子天性活泼好动，兄弟二人的生活并非全是诗文，他们也常常和小伙伴在一起玩游戏，只不过他们的游戏，有时会因父亲的文人情怀而被熏染得颇有意趣。一次，苏轼和小伙伴们一起在自家宅院里挖坑玩，他挖到了一块异石，石头十分光滑，颜色碧绿，温润如玉，还有细碎的银星闪耀，轻轻叩击则有金石的铿锵之声。苏轼拿给父亲看，苏洵试着用它研墨，发现发墨极好，石内还无坑洼贮水之处。苏洵叹道：“这是一块天砚啊，有砚台的品质和内涵，只是外形稍有不足。”苏洵把砚台视为祥兆，他对苏轼说，要惜物而用，此后必能写出好的文章。

正如苏洵所期待的，苏轼一生妙笔生花，写出了无数脍炙人口的诗文篇章，这一方面得益于苏轼的天赋异禀，而另一方面也离不开苏洵对他的规训。苏洵训练苏轼写文章的方式多样，如一次苏洵在朗读欧阳修所作的谢表《谢宣召赴学士院仍谢对衣并马表》时，觉得很好，便让苏轼拟写。

苏轼拟写谢表中描写“衣”与“马”时，有“匪伊垂之带有余，非敢后也马不进”两句，苏洵看了之后很高兴，对苏轼说：“这两句，希望你以后也能用得上。”

### 匪伊垂之带有余，非敢后也马不进

“匪伊垂之带有余”，即“匪伊垂之，带则有余”，语出《诗经·小雅·都人士》，意思是“不是故意垂冠带，而是冠带本就细又长”。

“非敢后也马不进”，语出《论语·雍也》。鲁国大夫孟之反在兵败撤退时，殿后御敌，进入城门时才鞭打自己的马，但他并不声张自己的功劳，而是说：“非敢后也，马不进也。”意思是，并不是我敢于殿后，是马不肯快跑啊。

这两句表达的都是在取得成绩之后依旧能保持谦虚不自傲的姿态。

在苏洵的循循善诱之下，兄弟俩的学问都日益精进。而在教子之外，落榜回家的苏洵虽然再无意于科举，但在学问上，却始终孜孜不倦。面对举业的屡屡败北，他叹息举业非己所长，遂“绝意于功名，而自托于学术”，放弃了这条荆棘之路。不同于科举的举步维艰，对苏洵来说，用才学开创的这条新路则是一条康庄大道。

## 四、妙手为文

庆历七年，苏序去世，苏洵回乡丁忧，直到嘉祐元年（1056）。此间十年，苏洵闭户不出，专心教子读书，与此同时还完成了一生最重要的著述。

当科考的创伤慢慢抚平，由此带来的阴郁也渐渐消散，苏洵再拿出自己过去的文章来看时，方才觉察之前的自己并没有真学问，所学都是为了科举，所写文章毫无气势和韵味，失望之余便将从前所写的数百篇文章付之一炬。

科场的接连失利，加之对科举时文的厌弃，使年届不惑的苏洵在此时完成了一次思想和创作上的巨大转变，他从声律记问之学开始转向古文创作。对于如何进行古文创作，他有自己的思路和方法，这便是先“取古人之文而读”，这种阅读并非浮光掠影的泛读，而是脚踏实地的精读，此后五六年间，他绝笔不再写文章，只是将诸子百家及韩愈等人的文章细细品读、精心研究，在“得其精粹，涵畜充溢，抑而不发”之后，他才结合自己少年游历、中年科考和交游过程中积累的对社会现状的认识，动笔写了大量的治国用兵的文章以及学术论述。而此时的文章不仅能纵横上下、出入驰骤，而且也具有极深的现实意义。

皇祐（1049—1054）末年至至和（1054—1056）初年，是苏洵创作的黄金时期，他一生引以为傲的作品都作于此段时间，包括《几策》《权书》《衡论》《六经论》《洪范论》和《史论》。他的文章涉猎广泛，举凡政治、军事、经济、文史等无不包含其中。

在政治上，苏洵在文中提出了一整套革新主张，涉及的改革包括吏治、法制、兵制、田制，深切地指出了宋朝的政治弊病所在，简直就是为当时积贫积弱的宋朝开出的一剂药方；在军事上，苏洵系统地提出了战略战术思想，不仅有系统的兵法理论，而且还广泛涉及用兵之法、攻守之术，并对历史上的军事家有独树一帜的品评；在思想上，他观点独到，是一个有些“离经叛道”倾向的思想家，他站在人情的角度，反对那些“正襟危坐”的思想家；在史学上，也形成了自己的一套理论，认为经史有同有异，并论说了修史的四种方法，对史学家亦有中肯的品评；在文学上，苏洵独树一帜，取法多家又不拘一格，艺术表现手法多样而又洒落自然。

没有名师的指点，也没有同辈切磋，苏洵凭借着超凡的毅力和才华，用了十年时间完成了从场屋士子到古文大家的转换。他“以雄迈之气，坚老之笔，而发为汪洋恣肆之文，上之究极天人，次之修明经术，而其于国家盛衰之故，尤往往淋漓感慨于翰墨间”，这些洋洋洒洒的文章，不仅使苏洵自成一家，也深深影响着苏轼、苏辙两兄弟，他们日后的政治见解也多脱胎于父亲，由此逐渐形成了苏氏家学。也正是这些文章，将苏洵再次送上去往京城的路。不同于前几次的悻悻而归，这一次，等待他的是文章称传天下的美名。

## 第三节　名动京师

在科举应试中屡屡沉沙折戟的苏洵，在自己三十七岁的时候投身于学术，十年闭户读书为文辞，最终学有所成。学成后的苏洵虽有才笔，但一直声名不显，直到遇到诸多伯乐才驰名京师，而这时候，苏洵已经年届五十了，是真正的大器晚成。令人意外的是，成名后的苏洵却一直未能获得一份体面的官职以施展自己的抱负，他一生“爵不过于九品”，最终赍志而殁。

### 一、得遇伯乐

自庆历七年至嘉祐元年前后十年，苏洵杜门不出，写出了诸多宏伟博辩的名篇。闭门不出一心为学，让他显扬于乡里，名传于川蜀。“玉在椟中求善价，钗于奁内待时飞”，对于苏洵来说，此时缺少的只是一位赏识他的才华且能够提携他的人。此人虽然姗姗来迟，但毕竟还是出现了。这位慧眼识英才的伯乐，为了推举苏洵，甚至不惜传书自己昔日的政敌欧阳修，他就是时任益州知州[①]的张方平。

张方平，字安道，因读书过目不忘，被认为是“天下奇才”。他先后两次中制科，一次中茂才异等，一次中贤良方正。曾任翰林学士[②]、知制诰[③]及滁州等地的知州。至和元年（1054）冬，张方平奉命镇守成都。到任之后，他访查蜀地的高贤奇士，有人向他举荐了苏洵，并说苏洵是隐居之士，如果不以礼相待，怕他不会前来。当别人对苏洵提起张方平时，也说：“我知道张公的为人，此番来蜀必定会向朝廷举荐人才，最适合的人选莫过你了；而若你想仰仗他人举荐，最适合的人选也莫过张公了。”听了此话，苏洵最初不以为意，笑道：“就算我愿为张公门下，张公未必乐于我出其门下啊。”

数月之后，张方平果然向朝廷举荐苏洵为成都学官[④]。苏洵得知消息后，感激之余写了一篇《上张益州书》，并从眉山赶到成都拜谒张方平，还将其所作的《权书》十篇、《衡论》十篇呈给张方平。初见苏洵，张方平只觉得他沉静寡言，交谈后才发觉他识见丰富、见闻广博，而在读过苏洵的文章之后，更是对他大加赞赏，称其文章有大云出山、大川注海的雄浑气势，甚至可以媲美、超越古代大家，他赞誉道：“左丘明《国语》，

---

① 知州：官名。宋代委派朝臣为州一级地方行政长官，称“权知某军州事”，简称“知州”。

② 翰林学士：供职于翰林院，职掌诏旨的起草。

③ 知制诰：唐初中书舍人掌草拟诏敕，称“知制诰”。宋代沿用。

④ 学官：掌管学校教育的官员。

司马迁善叙事，贾谊之明王道，君兼之矣。”而二人谈古论今、品评人物时，也有诸多见解不谋而合。

张方平还介绍苏洵与雅州[1]知州雷简夫相识。苏洵离开成都后，便取道雅州，拜会了雷简夫，二人亦是一见如故。雷简夫在读过苏洵的文章后，也对其十分推服，后来他写信给张方平，认为仅推举苏洵做成都学官实在埋没人才，他认为苏洵有“王佐之才”，可为帝王之师，并让张方平再三向朝廷推举苏洵。然而，朝廷却与张、雷二人意见相左，即便是推举苏洵为成都学官之事，朝廷也都久久没有回音。张方平认为川蜀乃偏远之地，不足以成就苏洵的名望，提出让他再游京师的建议。此时恰逢朝廷诏令礼部举行贡举考试，苏洵也有意带二子应试，于是就准备携子再入京师。出发之前，苏洵再次来到成都面见张方平，惴惴不安地呈上书信一封，信中希望张方平能够汲引苏轼、苏辙兄弟。

嘉祐元年，苏洵辞别程夫人携二子离开眉山，远赴京师。过成都时，苏洵携子又一次拜会张方平，张方平与兄弟俩交谈后便觉二人不凡，而当他读了两兄弟的文章后，对他们更加欣赏和器重，并且说：“轼与辙此番入京应贡举，不过是锋芒小试，即便是应制科考试，也不足以展示他们的才华。”他还对苏洵说：“两个孩子都是天才啊！大的明敏可爱，小的虽勤谨持重，但成就可能比哥哥还大啊。”张方平随即修书一封，让苏洵带给欧阳修，并说：“我写的举荐信的分量哪里比得上欧阳永叔呢！”张方平与欧阳修素来政见不合，堪称“政敌”。然而，张方平能有此举，正说

---

① 雅州：今四川雅安。

明二人襟怀坦荡，虽然政治立场不合，但彼此全无人品之诟，对人才他们都不遗余力地加以提携，这一举动也成就了二人在历史上举荐人才的一段佳话。

苏洵父子三人辞别张方平后，又到雅州拜望了雷简夫。得知他们将入京师，雷简夫也分别写信给韩琦和欧阳修，向他们共同举荐苏洵。而在张方平和雷简夫向欧阳修推举苏洵之前，欧阳修其实早就对苏洵有所耳闻了，这有赖于苏洵另一位故友吴照邻的推举。吴照邻与苏涣同科进士及第，六载在蜀为官，与苏洵相交甚笃。吴照邻在任成都府通判①的时候，苏洵曾给他上书，陈说蜀中之患，并提出清患之法，还将自己所写的《权书》三篇交给吴照邻，后来吴照邻到京师见到欧阳修时，便将苏洵的文章推荐给了欧阳修，所以对欧阳修来说，苏洵之名其实并不陌生。

辞别张方平后，父子三人过剑门，穿横渠，出关中，越渑池，一路风尘仆仆、风餐露宿。当他们抵达京师汴梁时，离家已经两月有余了。可刚到京城偏又逢滂沱大雨，水漫京城，直到秋天大水退去，苏洵才正式去拜访了欧阳修。

苏洵携带张方平和雷简夫的书信以及自己的一封书信，并《洪范论》和《史论》拜谒欧阳修，欧阳修拿到张方平的书信后，并不以推荐人为政敌而将苏洵归为异类。他对苏洵的第一印象和张方平一样，初见时，寡言少语，并不健谈，随着了解的加深，越发觉得他无所不知，是一位纯明笃

---

① 通判：宋初鉴于五代藩镇权力太大，威胁朝廷，于是用文臣知州，并置州、府通判，与知州、知府共理政事。

实的君子。而当欧阳修读了苏洵所写的文章后，也十分惊叹，并给予极高的评价，他甚至说“此孙卿子（即荀子）之书也”，“后来文章当在此”。不久之后，欧阳修将苏洵所著《权书》《衡论》《几策》共二十二篇文章向朝廷推荐，并写了一道《荐布衣苏洵状》。

十年前无人举荐，单凭一腔豪气的苏洵“振鞭入京师”，意气风发，但经历几次沉沙折戟的他，对举业早已心灰意冷，所以此时虽身揣诸多伯乐的举荐信，苏洵心中仍旧不免疑虑重重，因为比之于自己的失败，他更惧怕苏轼和苏辙的失败。然而，忧惧和惶恐都是多余的，因为在不久的将来，两个儿子连同他自己的声名都会响彻京师。

## 二、声名鹊起

比起父亲苏洵，苏轼与苏辙两兄弟似乎格外幸运。苏轼与苏辙同为苏洵所教授，而苏洵在举业上其实并不顺利，按理说两兄弟的仕途即便不如父亲坎坷，却也不应该特别容易才是，但以父为师、以家学为宗的二兄弟却一举中第。

嘉祐二年正月，兄弟二人参加省试，皆进士及第。苏轼因所撰文章《刑赏忠厚之至论》，无所藻饰，一反险怪奇涩的文风，被欧阳修点为第二名。苏轼在《谢梅龙图书》中说道：“轼长于草野，不学时文，词语甚朴，无所藻饰。意者执事欲抑浮剽之文，故宁取此以矫其弊。人之幸遇，乃有如此。”苏轼将自己进士及第归因于“幸运”自然是自谦之语，但是考虑到当时的文坛和科考文风，又很难说没有一分幸运在其中。

苏洵不学科举时文，十年醉心于古文，也以此方式教习兄弟二人，而此次职掌录取举子大权的恰恰是掀起古文运动浪潮的领袖欧阳修。而如果不是“古文运动”，父子三人“不学时文，词语甚朴，无所藻饰”的行文风格是不足以令他们扬名天下的。

## 古文运动

古文运动，是肇始于中唐、继之于北宋的文体革新运动。

唐代古文运动与士族的衰落和庶族的兴起息息相关。魏晋南北朝时期，门阀士族迅速发展，把持政治、经济和文化的士族阶层为了防止寒门的“侵渔”，在文化上设置了诸多壁垒，骈文便是在此背景下臻于成熟的一种文体。最初的骈文精致工巧、音调谐和，但随着文体的发展，骈文逐步走向堆砌典实、陈陈相因、言之无物、雕绘满眼、烦冗晦涩的境地。

隋朝时期，门阀士族走向衰落，一种有利于寒族跻身朝堂的选官制度——科举制应运而生。与之相伴随的便是要对长期形成的文风加以革新，韩愈便是革新文风的旗手，然而他并没有创新文体，而是违背时俗创作古文。但是，唐代科举考试仍以诗赋为重，所以在韩、柳二人之后，唐代的古文运动便偃旗息鼓了。

北宋时期，也兴起了多次反对时文，以应和韩愈、柳宗元的古文运动，只是古文家们所反对的对象不尽相同。宋初，以柳开、王禹偁为代表的古文家主要抨击“花间派”之五代文弊；其后，又有穆修、石介、苏舜钦等反对以杨亿为代表的西昆体；而欧阳修、梅圣俞除了对西昆体加以抵制外，对当时流行的“太学体”亦加以贬抑，以反对古文运动中求深务奇的不良文风。

嘉祐二年，推崇韩愈、反对时文的欧阳修主持礼部考试，扶植大批“词语甚朴，无所藻饰”的应举之士，在打击西昆体的同时，对古文派中的一支——“太学体”也痛加裁抑。当时盛名在外的举子接连落第，而“以西汉文词为宗师”的巴蜀学风的承袭者——苏轼和苏辙却在此次科考中脱颖而出。

欧阳修“障百川而东之”的大无畏举动一石激起千层浪，录取榜文贴出之后，大批落第举子反应激烈，并发起反击，他们甚至投祭文至欧阳修的家中，咒其早死。为了平息士子们的激烈情绪，两个月之后的殿试上，朝廷也以妥协的姿态将苏轼安排在第六名的位置。即便如此，毁誉交加的三苏文章却在一时之间街知巷闻，加之朝廷选士标准发生改变，苏氏文章也成为科考的模板，遂称名于天下。

到京师后的苏洵又先后上书枢密使①韩琦、枢密副使田况、宰相文彦博和富弼，又与当时名流梅尧臣、裴煜、韩维、李大临等人皆有往来，加之两个儿子都得以高中，苏洵在京师的地位和名望自然不可同日而语。正当父子三人春风得意、踌躇满志，准备在京师宏图大展之际，故乡眉山却传来了令三人十分悲恸的消息，苏洵的发妻程夫人去世了。

## 三、壮志未酬

听闻程夫人去世的消息，父子三人含戚忍悲匆忙踏上返蜀之路。回到家中的苏洵但见屋庐倒坏、篱落破漏，满眼荒芜，伊人亦已不在。他们将

① 枢密使：宋代设枢密院，与中书省分掌军政，号为“二府”，枢密院长官为枢密使。

程夫人安葬在了眉州武阳安镇乡可龙里的老翁泉之侧畔。在巨大的打击之下，苏洵一病不起。于是，他一面养病，一面心存希望，等待朝廷的消息。

等了一段时间之后，朝廷仍旧迟迟没有回音。心灰意冷的苏洵下定决心要在家中度过余生，不再入京了。就这样，苏洵在家中度过了一年多郁郁寡欢的日子。然而树欲静而风不止，就在苏洵已经安心终老眉州之时，朝廷却又对欧阳修的举荐给予了答复，可此刻传来的消息却并没有让苏洵振奋半分，因为朝廷并未直接授其官职，而是命苏洵到舍人院参加策论的考试。

在时隔将近一个月之后，苏洵上书仁宗皇帝，一则表示自己不能赴阙，理由是“有负薪之疾，不能奔走道路”；二则苏洵在上书中还陈说了十条政治改革主张。身体有疾自然是不愿意参加策论考试的托词，而陈说政治主张则是意图通过这些政论使仁宗皇帝了解他的学识才能和政治主张。

但苏洵仍旧未能如愿，上书皇帝后，朝廷依旧没有回音。直到半年之后，朝廷才再次下诏命他进京。苏洵在给欧阳修的书信中说，怕自己一再推却朝廷之命，别人将以为他沽名钓誉，而二子丁忧之期已满，也将入京师，所以只能同行。不过对苏洵来说，入京似乎是最好的选择，一来二子进士高中，夫人程氏又已离世，他孤身一人留在眉州，自然不如跟二子同行；二来他心中壮志未酬，仍有一展宏图的抱负，可以入京静候时机。所以此番入京，他做好了举家迁居的准备，他派人请了六尊菩萨放在佛龛中供奉，以庇佑近些年去世的家人，希望他们“或生于天，或生于四方上下，所适如意”，一如自己游于四方而了无牵挂。

嘉祐四年（1059）十月，父子三人动身，不同于上一次的三人出行，此番是全家共同出行；上一次是北越秦岭，走陆路，此番是东出三峡，走水路。他们过嘉州、经犍为、过巫山、出三峡，一路看山观寺，赋诗题词，弹琴高歌。嘉祐五年二月，抵达京师后的他们在西冈租赁了一处宅子，以等待朝廷的任命。不久，朝廷对两兄弟的任命下达，但二人由于被推举参加制科考试，所以都未能赴任。

八月，朝廷任命苏洵为秘书省试校书郎。秘书省主管经籍图书、国史、实录等，校书郎职责为校勘文籍，品阶非常低，而苏洵为一介布衣，未经科考之途而授官，所以只能称“试”。对自己和朝廷都有着极大期许的苏洵，对这一职位无论是薪酬俸禄还是品阶官级都十分不满，但是为了生计，加之路上奔波花费，又值为妻治丧，本就不富裕的苏洵只能接受这一官卑禄薄的职位。后来他在给欧阳修的信中说“其去不追，而其来不拒；其大不荣，而其小不辱”，试图以豁达之心态来接受这件事，然而却终难掩失望之情。

嘉祐六年，他在给丞相韩琦的上书中开篇便说：“洵年老无聊，家产破坏，欲从相公乞一官职。”而这样做的原因是校书郎一职的俸禄太低，甚至不足以养家，而最不堪忍受的是，除了经济上的困窘，还要承受身体和精神上的双重折磨——“劳筋苦骨，摧折精神，为人所役使，去仆隶无几也”。在信中，苏洵的不平之意也溢于言表，他说，我苏洵到京师与诸公相知不浅，而丞相你也有提携之意，然而就这么一个官职反复迟疑不决竟达几年之久，难道天下冗官之弊是因我苏洵而起吗？

当时，太常寺[1]因欧阳修上奏礼院文字多有散佚，应差官员编修，所以要修纂宋开国以来的礼书。大概是苏洵这封义愤填膺、言辞切切的书信起了作用，朝廷命苏洵以霸州文安县主簿[2]之职，与陈州[3]项城县令姚辟同领修纂礼书的职责。此后，苏洵的困窘生活才稍稍得以改善。

但即便处于困厄之中，苏洵仍旧没忘为朝廷和百姓建言。嘉祐八年（1063），仁宗皇帝去世，举国同哀，韩琦任山陵[4]使，主持仁宗陵园——昭陵的修建，由于陵园规模宏大，所费不赀，当时国库空虚，只得向州县摊派，引得民怨载道。苏洵挺身而出，上书韩琦，指责他此举不仅违背仁宗以俭德临天下的宗旨，也搅扰百姓并引发海内骚动，并且还会陷仁宗于恶名，苏洵甚至将韩琦比附厚葬宋文公的华元[5]。看到这封上书，韩琦大惊失色，也异常愤怒，但他还是接纳了苏洵的建议，奢靡之事稍有收敛。

穷苦困厄的苏洵在五十五岁时仍心念百姓愁苦，不忘直言进谏以救百姓之急、纾百姓之困。然而此时，他还不知道死神正在悄悄临近自己，虽然一生的壮志还未酬偿，但是留给他的时间已然不多了。

## 四、赍志而殁

在被任命为霸州文安县主簿之后，苏洵的日常工作就是编纂礼书。治

---

① 太常寺：掌礼乐郊庙社稷事宜。

② 主簿：官名，负责文书簿籍。

③ 陈州：今河南淮阳。

④ 山陵：帝王的坟墓。

⑤ 华元：春秋时期宋国大臣，历史对其评价有“君子讥华元不臣”之语。

平二年（1065）九月，一百卷的礼书修纂完成。英宗下诏，以《太常因革礼》为礼书命名。在修书过程中，苏洵还取刘熙等《六家谥法》，删订考证而成《嘉祐谥法》三卷，详述了追谥的准则。与此同时，他也未废弃自己的学术之路，开始作《易传》。

可就在《太常因革礼》完成之际，苏洵也因积劳成疾而卧病不起了。治平三年，感于自己时日不多的苏洵给苏轼交代后事，他叮嘱苏轼完成自己还未写完的《易传》，安葬好自己的姐姐，由于长兄苏澹已于多年前去世，他还要苏轼照料好哥哥苏澹的后代。交代过后事不久，四月二十五日，苏洵与世长辞，享年五十八岁。

由于修礼书未能来得及封赏，所以朝廷特赐其家银百两、绢百匹。苏轼辞谢所赐，请求赠父亲一个官职，得到朝廷允准，赠苏洵光禄寺丞[①]。英宗还命人准备舟船，让兄弟二人载送苏洵的灵柩归蜀。

苏洵的离世，引得朝野之士扼腕叹息，为其写诔文之人多达一百三十三人。苏洵终其一生，虽然“爵不过于九品”，寿数不满六十，功名亦未成，但是他留下的诗文及其熠熠生辉的品格，都足以令他流芳百世，万古长青。更何况，他的一生从未踽踽独行，他有引为知己的父亲，他有风雨同舟的妻子，他有白首相知的挚友，他有慧眼识珠的伯乐。此外，他的两个儿子，不仅延续着他的血脉，而且继承他的理念和精神，在暗夜中相互扶持而行。

---

① 光禄寺丞：光禄寺是专管皇室祭品、膳食及招待酒宴的官署，其职官包括卿、少卿、丞、主簿。

第三章

# 超然达观的苏轼

苏氏家风至苏轼、苏辙一辈臻于至善，但由于兄弟二人性格迥异，苏氏家风在此时呈现出了多样的色彩。苏轼个性豪放且多才多艺，他在诗、词、文、书、画诸多领域都取得了极高的成就，是历史上难能一见的文化全才。他少年登科，取得了制科考试的最高等第，官至翰林学士、知制诰，成为宰相的后备人选，荣极一时。但是他一生宦途坎坷，屡遭构陷和贬谪，年逾六十才从儋州被赦北归。虽如此，他一生都能以忠义事君，为社稷建言，为百姓谋福，从不以一身祸福而改初心。他以丰富的人生经历为苏氏家风注入了"为政以德""雅道传家""宠辱不惊"的多样内容。

## 第一节 少年登科

苏轼，生于景祐三年十二月十九日卯时，字子瞻，一字和仲，小字同文，在苏氏家族中行九二。在他两岁时，他的哥哥苏景先夭亡，此前他的两个姐姐也先后去世，他成为家中的长子，与他相伴的是幼姊八娘，作为当时家中唯一的儿子，自然被寄予厚望。苏轼天资聪颖，性格活泼开朗，这让痛失爱子爱女的苏洵和程夫人稍感宽慰，只是当时的他们对这个天才儿子所具有的能量还全然不知，但八岁以后的读书生活一旦开始，这种锋芒就再也不难被发现了。

### 一、读书岁月

苏轼八岁时入小学，村塾在眉山天庆观北极院，是个有浓厚道教色彩的道观，老师是个道士，名叫张易简。这里有学童百余人，苏轼在此度过了三年的读书岁月，与小伙伴陈太初结下了友谊，大概是受张道士的影响，以后的二人都醉心于道教，一心想着求仙问道。多年以后，“带云眠酒市，和月醉渔家”的陈太初养成了道骨仙风的超脱之气，也最终实现了心愿，遗世升天、羽化登仙去了。苏轼自然也想步其后尘，而不愿听从父母给他安排的婚事，只不过，他却没有这么“幸运”，因为命运给他安排的剧目远非这般简单。不过这还是很久以后的事，此刻他只需无忧无虑地读书便可以了。

然而无忧无虑永远只是孩子的专权，大人们要忧心的事总是多得不可胜数。就在苏轼来到乡塾的第一年，京师的朝堂之上已是暗流涌动。立国八十多年的赵宋王朝，此时已是内忧外患，不堪重负了。朝廷冗官、冗兵等问题严重，与东北边境的辽国和西北边境的西夏也总是征战不断。自景德元年十二月（1005年1月）澶渊之盟签订之后，宋王朝每年要给辽国岁币①十万两白银和二十万匹绢，财政更加入不敷出，改革已经势在必行。庆历三年（1043），范仲淹和富弼等人在仁宗皇帝的授意之下进行改革，史称“庆历新政”。

眉山虽然远在西南边陲之地，可千里之外的京师有任何风吹草动，却还是能够翻山越岭传到这里。一天，一位自京师远道而来的士人带来了新政的消息，并将石介的一篇《庆历盛德诗》②给道士张易简看。八岁的苏轼也在一旁悄悄观看，读过诗文之后，他问先生：“诗里歌颂的十一个人都是什么人？”先生回答说：“小孩子何必要知道这些。”先生本以为苏

① 岁币：每年缴纳的钱币，旧时多指朝廷每年向外族输纳的钱物。

② 一说《庆历圣德颂》。

轼听自己这样说，就会识趣地走开，不料小苏轼却反驳道：“他们要是天上的人呢，我就不敢知道了；如果也是普通人，我为何不能知道呢？”无言以对的先生只好如实相告，并对他说：“韩琦、范仲淹、富弼和欧阳修这四个人，都是人中豪杰啊。”如果张道士知道日后的苏轼会成为欧阳修的门生，与范仲淹的外孙滕元发来往甚密，而韩琦对苏轼亦有提携之功，那么，他一定会“大跌眼镜”。但此时的苏轼还小，以后的发展无论是对先生张易简还是对他的父亲苏洵和母亲程夫人来说，都是未知的谜团。

苏轼入学堂读书之际，苏洵正忙于科考和与友人的交游，而无暇分身时刻在苏轼身边耳提面命。苏洵读书有自己的心法，为学亦有独到的见解，此刻不能随时指点教诲苏轼不能不说是憾事一桩。然而幸运的是，苏轼不仅有一位学识渊博的父亲，更有一位知书明理、善学善教的母亲。

不同于孟母的断杼择邻，在苏洵游学期间，程夫人自己便能带着小苏轼和更小的苏辙一起读书。与孩子们一起读书的程夫人，并非只是让兄弟二人识文断字，而是会通过评论古今得失让他们明白为学的要义，还通过品评古代有气节的名人来教育两兄弟做人的根本。

一天，苏轼跟母亲一起读《后汉书》，读至《范滂传》时，母子二人掩卷而为范滂慨然叹息。因为在东汉桓、灵二帝时期，政权被宦官阉党玩弄于股掌之中，他们卖官鬻爵导致朝政不修，朝堂之上结党争权，草野之间百姓遭殃。一些忠贞廉明的士人和太学生激愤而起，上书皇帝弹劾奸党，请求罢斥宦官，但是宦官却反诬他们结为朋党诽谤朝廷。这些士人和太学生惨遭迫害。母子二人所读《范滂传》中的范滂即是这些守正之士中的一位。

建宁二年（169），朝廷下令拘捕范滂等人，当时县令意欲让范滂跟他一起逃亡，但是范滂却说："我死了，这灾祸就停止了，哪里敢连累您，又让老母亲流离失所呢。"范滂又跟母亲诀别，希望自己和母亲生死存亡，各得其所，并让母亲不要过于哀伤。范滂的母亲大义凛然地对范滂说道："你现在能够与李膺、杜密[1]齐名，死了又有什么可遗憾的！声名与长寿，怎么可能兼得呢？"范滂跪倒在地，聆听母亲的教诲，叩头之后跟母亲诀别。

读完《范滂传》，小苏轼对母亲说："长大之后，如果我做范滂这样的人，母亲答应吗？"程夫人亦志节凛然地答道："你若能做范滂，难道我不能做范滂的母亲吗？"

## 揽辔澄清

典故"揽辔澄清"，就出自《后汉书·范滂传》。

范滂，生于永和二年（137），卒于建宁二年，字孟博，汉汝南征羌[2]人。少时因正直高洁被举孝廉[3]、光禄四行[4]。他刚为官时，恰遇冀州因闹饥荒而致盗贼四起，朝廷便委以范滂清诏使之职，到冀州考察民情。史书载："滂登车揽辔，慨然有澄清天下之志。"说的是范滂动身时，登车而挽缰绳，慷慨激昂有荡涤天下的

① 二人都是东汉名臣，都因党锢之祸而死。

② 征羌：今河南漯河。

③ 孝廉：汉代选拔官员的科目。孝指孝子，廉指廉洁之士。

④ 光禄四行：察举的科目，选拔标准为四种品行，即质朴、敦厚、逊让和有行。

志向。当他到达冀州境内时，那些贪赃枉法的郡守县令，无不解下官印绶带，望风而逃。

后来，“揽辔澄清”便被用来指官吏初到职任即能澄清政治、稳定乱局。

苏轼从母亲这里得到的不仅有谆谆不倦的告诫，更有言传身教。当时苏家庭院中的树上有很多鸟巢，程夫人嘱咐家里的孩子、奴仆不能捕杀鸟雀。几年下来，鸟雀们都将巢建在花木的低枝上，而鸟巢里孵的小鸟更是探头便可看得到。有一种名叫“桐花凤”的小鸟苏轼印象尤为深刻，它们翔集于院落之中，每至暮春时节，集于桐花之上，以饮朝露，其羽毛至为华丽，珍贵难见，却并不怕人。乡亲们都觉得奇怪，因为只有在苏家才能见到这样的场景。细细想来，这不过是因为苏家人听了程夫人的规劝，不伤害鸟雀，久而久之，鸟雀不怕人罢了。这样的景致，也让苏轼和苏辙两兄弟在读书之外有了更多的生活乐趣。

除了心地善良，程夫人也是一位成熟稳重的母亲。在对待奇闻逸事上，她从不大惊小怪。有一次，家里的两个婢女在院子里熨烫布帛时，一个人的双脚突然陷到地里，待把她拉出来后，发现凹陷之处有一个数尺深的大洞，里面有一个用乌木板覆盖的大瓮。瓮中发出声音，犹如人在其中咳嗽。程夫人命人用泥土将深坑掩埋，之后便不再理会。有人觉得此处可能会发掘出积年储藏的钱粮或财物，但是程夫人并不允许家里人挖掘。声音历时一年才停止，但是苏家上下依然能够安之若素。或许在程夫人看来，适度克制自己的好奇，未必不是使自己和家人远离灾祸的一种处世智慧。

苏序去世后，在科考之途屡屡受挫的苏洵放弃了举业，而转投于学术，并开始分担程夫人的家务，又一心在家教习两个儿子。对于兄弟二人的课业，苏洵十分严格，会给他们布置功课，到了约定的期限则必须完成，并且还要检查。这使得有一点儿贪玩的苏轼总是担心父亲的查考，以至于在他年逾六十的时候，还梦到了父亲查问他的功课，心中仍惊惧万分，可见，他少时的课业并不轻松。

但其实，苏轼在学习上并非不用心，反而是非常刻苦的，他自己也有为学的法门，便是手抄经史。此外，在少年时，他也有着极广泛的兴趣爱好，喜欢书画、弹琴、种树、嫁接花果，而且对医药也有浓厚的兴趣。所以，面对勤学多闻的小苏轼，苏洵并非只是一味地严加规约，他深谙言传身教之道，教习苏轼读书的方法，与他自己投身学术的方式一样，便是“取古人之文而读”，等到有感而发方才作文。苏轼十岁时，曾和父亲一起在南轩读《三国志》中的《魏书》，苏洵有感于夏侯玄气量宏伟却不得善终的结局，命苏轼作《夏侯太初论》，以臧否夏侯玄。

## 夏侯玄

夏侯玄，字太初，三国时魏人。

景初三年（239），少帝曹芳继位，夏侯玄的表兄弟曹爽辅政，夏侯玄因此受到提携，官升散骑常侍①、中护军。但曹爽德薄位尊，沉溺酒色，在为政上，亦擅权营私，所用非人，在意欲架空司马懿的同时，又得罪了朝中的权臣，最终被司马懿诛杀。夏侯玄

① 散骑常侍：侍从皇帝左右，掌规谏，并无主事。

受到株连，被夺兵权后又屡被司马氏所抑。嘉平六年（254），夏侯玄与人密谋诛杀司马懿的长子司马师，事情败露，被处斩，并夷三族。临刑时，夏侯玄面不改色，神情自若。

苏轼在文中写道：“人能碎千金之璧，不能无失声于破釜；能搏猛虎，不能无变色于蜂虿。”意思是说，人能够在打破价值千金的碧玉时不动声色，却没办法在无意打破一口锅时不失声尖叫；人能够与猛虎搏斗，却不能在蜂虿蜇人时毫无惧色。文章不仅写出了人的胸襟气度，而且写出了人本能的应激反应，十岁的苏轼能有这样的见地，苏洵自然十分欢喜。

除了自己教习两个儿子功课，苏洵还为他们遍寻眉山的名师。庆历八年（1048），苏轼十三岁，苏辙十岁，苏洵将他们送到眉州城西的寿昌院读书，师从眉山的学者刘巨。兄弟俩不仅在寿昌院开阔了眼界，还结识了新的朋友。

寿昌院的先生刘巨知识渊博且为人宽和。一次，他写了一首《鹭鸶》诗，诗的末句写道：“渔人忽惊起，雪片逐风斜。”在一旁观看的苏轼心直口快地对先生说：“先生的诗美则美矣，只是最后一句似无归宿，不若改为‘雪片落蒹葭’，不知是否可以？”刘巨赞叹道：“我已经做不了你的老师了啊。”这固然是先生懂得爱才之道，不视其出言无状，但是苏轼锋芒毕露的个性尽显，这也让他的父亲苏洵隐隐有些不安，于是作了《名二子说》，勉励苏轼敛其羽翼、藏其锋芒。

总的说来，苏轼的少年生活还是肆意而自由的，他在山上种植松柏、嫁接花果，他读书平川之上、放牧牛羊。他还带着弟弟苏辙和小伙伴们一起登山涉水，踏青春游，看“春风陌上惊微尘”，听“歌鼓惊山草木动”。他们在眉山一年一度的蚕市上游玩，也体味着“市人争夸斗智巧，野人喑哑遭欺谩”的市井百态。这些经历成为他一生的心灵给养，也成为他诗文灵感的源泉。

至和元年，苏家发生了两件大事，这两件事也彻底改变了苏轼的人生轨迹。一件是十九岁的苏轼娶妻王弗，一件是半生怀才不遇的苏洵遇到了自己的伯乐张方平。

当时，在向朝廷举荐无果后，张方平建议苏洵再入京师，因为已临近朝廷举行贡举考试的时候了，所以苏洵便有意让兄弟二人入京一试。此一试，也让父子三人名动京师，然而命运的垂爱总不会顺利异常，此去路上也并非全是坦途，要使世人认可他们的学识和才情，也还须假以时日，在经历一番波折之后，才能名就功成。

## 二、蟾宫折桂

嘉祐元年，父子三人告别程夫人，登舟离开眉山，经雅州至成都，在拜谒过雷简夫和张方平之后，直奔京师。此年秋，开封府依例举办解试，未在家乡参加解试的苏轼、苏辙也参加了这次考试，榜文出，苏轼得中第二，苏辙亦中选。次年正月，兄弟二人又参加省试，也双双进士及第。这一年，苏轼才二十二岁，苏辙只有十九岁，是真正的少年登科。

苏轼在省试中所撰写的《刑赏忠厚之至论》，一反当时险怪奇涩的文风，当时的阅卷官梅尧臣读到后很是喜欢，便拿给翰林学士欧阳修过目，欧阳修“以为异人”，想把此文点为第一，但是他觉得这篇文章有可能是自己的学生曾巩所作，为避嫌疑，迟疑之下将其点为第二名，放榜之后，才发现是苏轼，虽是阴差阳错，却也成为科举史上的一段趣闻佳话。

## 刑赏忠厚之至论

### 苏轼

尧、舜、禹、汤、文、武、成、康之际，何其爱民之深，忧民之切，而待天下之以君子长者之道也。有一善，从而赏之，又从而咏歌嗟叹之，所以乐其始而勉其终。有一不善，从而罚之，又从而哀矜惩创之，所以弃其旧而开其新。故其吁俞之声，欢休惨戚，见于虞、夏、商、周之书。成、康既没，穆王立，而周道始衰。然犹命其臣吕侯，而告之以祥刑。其言忧而不伤，威而不怒，慈爱而能断，恻然有哀怜无辜之心，故孔子犹取焉。

《传》曰："赏疑从与，所以广恩也。罚疑从去，所以慎刑也。"当尧之时，皋陶为士，将杀人，皋陶曰"杀之"三，尧曰"宥之"三，故天下畏皋陶执法之坚，而乐尧用刑之宽。四岳曰"鲧可用"，尧曰"不可，鲧方命圮族"，既而曰"试之"。何尧之不听皋陶之杀人，而从四岳之用鲧也？然则圣人之意，盖亦可见矣。

《书》曰："罪疑惟轻，功疑惟重。与其杀不辜，宁失不经。"呜呼，尽之矣。可以赏，可以无赏，赏之过乎仁。可以罚，可以无罚，罚之过乎义。过乎仁，不失为君子；过乎义，则流而入于忍人。故仁可过也，义不可过也。古者赏不以爵禄，刑不以刀锯。赏以爵禄，是赏之道，行于爵禄之所加，而不行于爵禄之所不加也。刑之以刀锯，是刑之威，施于刀锯之所及，而不施于刀锯之所不及也。先王知天下之善不胜赏，而爵禄不足以劝也，知天下之恶不胜刑，而刀锯不足以裁也，是故疑则举而归之于仁，以君子长者之道待天下，使天下相率而归于君子长者之道，故曰忠厚之至也。

《诗》曰："君子如祉，乱庶遄已。君子如怒，乱庶遄沮。"夫君子之已乱，岂有异术哉？时其喜怒，而无失乎仁而已矣。《春秋》之义，立法贵严，而责人贵宽。因其褒贬之义以制赏罚，亦忠厚之至也。

而围绕这篇策论，还发生过一件有趣的事。当时欧阳修读到这篇文章时，对"皋陶曰'杀之'三，尧曰'宥之'三"的典故十分陌生，放榜后便问苏轼此典的出处，苏轼说在《三国志·孔融传》中。但欧阳修细细重读《孔融传》之后，还是没有找到答案，只得再问苏轼。苏轼悠悠答道："曹操灭袁绍后，将袁绍之子袁熙的妻子赐给了自己的儿子曹丕。孔融说：'当年武王伐纣，也把妲己赐给了周公。'曹操未听过此事，心下生疑，便问孔融出自哪本书。孔融说：'通过今天的事来看，应该就是这样。'皋陶的事，也是我推测出来的。"听罢，欧阳修哈哈大笑，对苏轼"胡编"之事非但不加斥责，反而称赞苏轼善读书、善用书，断定此后他的文章必定独步天下。欧阳修还让自己的学生与苏轼结交，并说："老夫当避路，让他出人头地。"

而后在礼部举行的复试和仁宗皇帝主持的殿试中，兄弟二人亦不辱父命，均以优等得中进士及第。然而好事多磨，就在兄弟二人蟾宫折桂、父子三人释褐待官之际，程夫人病逝的噩耗却从故乡传来，三人仓皇返蜀。

嘉祐四年十月，居丧期满的苏轼兄弟随父亲离开眉州，再赴京师。次年二月，抵达京师，静候朝廷的任命。不久，朝廷任命苏轼为河南府福昌县主簿，任命苏辙为河南府渑池县主簿，但二人由于分别被欧阳修和杨畋推举参加制科考试，所以皆留京应考而未赴任。八月，父亲苏洵被任命为秘书省试校书郎，兄弟二人寓居怀远驿等待来年的制科考试。

## 制科考试

区别于由地方贡举且每年定期举行的常科考试，制科考试是不定期由皇帝亲自在殿廷举行的诏试。据《宋史·选举志》载："宋初承唐制，贡举虽广，而莫重于进士、制科。"可见，制科考试在有宋一朝的地位并不亚于常科考试。

乾德二年，宋太祖颁布诏令，设置"贤良方正能直言极谏""经学优深可为师法""详闲吏理达于教化"三科，这标志着宋代制科考试的开始。此外，诏令还规定了考试内容为"策问"，对策文章需三千字以上，允许官员和普通百姓前来应考，直接接受皇帝的考试。但发布诏令的当年却没人敢来应考，直到两年之后，第一次制科考试方才举行。

真宗景德二年（1005）和仁宗天圣七年（1029），制科科目分别增加到六科和十科，但准许应考的范围被大大缩小。真宗之后，考试内容被固定为考论六篇，要求在一天内完成，每篇五百字以上，出题范围包括九经[1]、正史、诸子等。仁宗又将由直接御试改为选派考官在秘阁[2]举行考试，及格的被称为“过阁”，过阁之后方能参加御试。

制科考试分第一等、第二等、第三等、第三次等、第四等、第四次等和第五等。通常来说，第一等和第二等为虚设，以第三等为最高，而第五等为不及格。官员考取可以升官，百姓考取则授予官职。

总体来说，制科考试的选拔非常严格，据统计，宋朝三百余年的历史，制科考试只举行过二十二次，录取人数仅有四十一人，获得第三等的只有苏轼和吴育二人，可谓凤毛麟角。比之常科考试录取的四万余进士，制科考试的难度便可想而知了。

嘉祐六年（1061）八月，制科考试开始，苏轼、苏辙两兄弟参加的都是“贤良方正能直言极谏”科。试前，他们给朝廷上了二十五篇《进策》、二十五篇《进论》。随后参加的秘阁考试，苏轼、苏辙的论文各六篇，全部合格，接下来便是等待殿试了。

殿试本应于八月中旬开始，苏辙却在此时染病卧床，宰相韩琦上奏称：“今年制科之试，最有声望的是苏轼、苏辙两兄弟，如果兄弟中有一人不能参加殿试，恐怕会令人大失所望，希望皇上能够推迟殿试时间，等

① 九经：儒家奉为经典的九种古籍，但是九种书名说法不一，据《汉书·艺文志》，九经包括《易》《书》《诗》《礼》《乐》《春秋》《论语》《孝经》《小学》。

② 秘阁：古代禁中藏书之所。

待苏辙病愈后再举行。”这一恳请得到了皇帝的恩准。

及至八月下旬，苏辙病愈，兄弟二人一起参加了殿试，苏轼入第三等，苏辙入第四等。对兄弟二人，仁宗皇帝亦是激赏有加，在读过他们的制策文章后，他高兴地说：“朕今日为子孙得了两个宰相啊。”当然，这不过是皇帝对兄弟二人的美好期许，因为按照宋朝的职官制度，兄弟俩还需要在为官的路上一一接受考验与历练，并且我们知道，对兄弟俩来说，这条路格外崎岖。

## 三、签判凤翔

有鉴于唐朝的藩镇之乱，宋朝时期的职官制度较前朝有了很大变化。地方上，抑制武官、重用文臣便是最直接的表现；此外，还通过设置通判一职操控地方政权，规定凡地方上的军政民务均须通判签议连书，方可下达。判官又为京派官，须由中央任命，这就使得朝廷可以制约各地方的行政权力，限制地方自治。

制科考试后不久，朝廷任命苏轼为大理评事、签书凤翔府判官。“大理评事”是负责审理案件、掌管刑狱的京官；“签书凤翔府判官”是协助凤翔府知府佐理政事。前者是本职，但为虚衔，意在表明苏轼为朝廷京官；后者才是实职，是以京官的身份充任府州签判，所以需要赶赴凤翔上任。

嘉祐六年十一月，苏轼辞别父亲，走马赴任，弟弟苏辙送苏轼一家至郑州，兄弟二人在郑州西门别过。望着弟弟远去的背影，第一次与家人分别的苏轼心中五味杂陈，手足分离之情难遣，他便在马上赋诗一首寄给苏辙，此后四十年他们兄弟时常相互唱酬，唱酬诗作多达七百余首，共同谱写了一段兄友弟恭的佳话。

在前往凤翔的途中，他再次路过渑池。几年前，父子三人赴京赶考时，他们曾在渑池的寺院中寄宿，此番算是故地重游，但此时寺中的奉闲长老已驾鹤西去，之前兄弟二人在墙壁上的题诗也不复存在了。面对人生来去无定的怅惘和往事的飘忽难寻，苏轼发出了感叹，并写下了一首脍炙人口的七律名篇——《和子由渑池怀旧》。

## 和子由渑池怀旧

苏轼

人生到处知何似？应似飞鸿踏雪泥。

泥上偶然留指爪，鸿飞那复计东西。

老僧已死成新塔，坏壁无由见旧题。

往日崎岖还记否，路长人困蹇驴嘶。

一个月后的十二月十四日，苏轼一家到达凤翔府。苏轼在凤翔府的执事是协助凤翔府知府处理公务，当时的知府宋选为人谦和，为政清明，也十分爱才，所以他格外厚待苏轼。苏轼亦不负宋选所望，到任之初便竭尽全力造福一方百姓。

为政伊始，苏轼便发现了一项弊政——衙前之役。衙前是宋朝官役的一种，百姓或主管运送官物，或看管府库粮仓，或管理州县官食物，但如果在服役时丢失官家财物，则要以自家财物偿还。当时凤翔府的衙前主要负责砍伐终南山的竹木，编成木筏，走水路经渭河、黄河将木筏送至京师，工作并不繁杂，但由于这一段水路水势汹涌，时常有木筏随急流漂走，所以致使很多服役之人因赔偿官府财物而荡尽家财。

在调查了解实际情况后，苏轼发现，如果在渭水、黄河涨水之前运送木筏，危险情况就会减半。于是他向朝廷陈明情况，希望让服役之人能够自行决定运送时间以降低风险。虽然不能完全免除服役之人的劳苦和负担，但此后的情况还是稍有好转。

然而，宋朝当时已是内忧外患，百姓的水深火热单凭个人的一己之力是回天乏术的。在嘉祐八年三月仁宗去世时，苏轼花了近半年的时间处理运送木材之事，他亲见百姓的疾苦，面对此景，自己常常是寝食难安。而这种情形，此后多有发生，甚至伴随了苏轼整个的为官生涯。

除了衙役之苦，当地百姓也时常陷入旱灾带来的苦难之中。凡此天灾，苏轼则无法再向朝廷上书陈情了，但是这并不妨碍他为民请命，此刻他要写一篇言辞俱佳的祝文，呈递的对象则是负责降雨的神灵。

从嘉祐六年十二月到任至嘉祐八年夏，苏轼的仕宦生涯都颇为顺利，甚至可以说“要风得风，求雨得雨”，但这一份好运气随即就戛然而止了。因为就在此时，宋选罢任凤翔府知府一职，接任者是陈希亮。

陈希亮，字公弼，他在州府任上，打击豪强，赈济百姓，颇有政声，也深得仁宗的赞赏。但他个性严厉，终日不苟言笑，待部下也是凛若冰霜，即便是对惊才绝艳的苏轼亦不例外。但是一贯悠游潇洒的苏轼对上司的此种个性自然是不以为然，他依仗自己的才华屡屡与陈希亮发生龃龉，而陈希亮也往往拿出上司的威严来压制苏轼，二人自是不能相容。

当时，因苏轼在制科考试中得了“贤良方正能直言极谏”科的最高等次，所以凤翔府内之人多尊称他为“苏贤良”。有一天，陈希亮听到有小吏这样称呼苏轼时，便怒道：“一府判官有什么贤良的！”而后命人杖责小吏。这一举动自然是针对苏轼的，但陈希亮的“手段”还远不止于此。每次苏轼写好公文交给陈希亮后，他总是命苏轼修改，有时候甚至亲自修改，这对于自恃才情的苏轼来说，无疑是不堪忍受的。

俗话说，“官大一级压死人”，对大自己一级的陈希亮，苏轼却不示弱，他在文章中称陈希亮是“以乡里长老自处”。这样的反击自然引来“乡里长老”的报复，陈希亮甚至还动用了“罚款”的手段惩戒苏轼，而且数额颇大。

在宋朝，官员们有在中元节聚会的传统，府内官员要在这一天齐聚知府厅。有一次，苏轼因缺席中元节聚会被陈希亮罚铜八斤[①]。这对于做官不久，既要养活一大家人，又无多少积蓄的苏轼来说，无疑是一笔巨大的开销。与陈希亮结怨甚深的苏轼，在其后的日子里也是抓住一切机会继续挑战权威，但是最奋力的一次反抗，却让他日后后悔不已。

当时，陈希亮在衙后修筑了一座凌虚台，建好之后，他命苏轼写一篇记文，打算刻在凌虚台的石碑上。这样的记文自然应该典雅庄重才够得体，苏轼也正是这样做的，只不过他要以笔为剑，狠狠刺向这位知府大人。他在文中大谈事物的兴废与成败之道，甚至还说：“一座高台尚且不足以长久依靠，更何况人世的得失，本就来去匆匆，岂不更难持久？如果有人想要以高台夸耀于世而自我满足，那就错了。世上确实有足以依凭的东西，但是与台的存在与否是没有关系的。”出人意料的是，对苏轼向自己射来的暗讽之箭，陈希亮并没有跳脚，甚至一反常态，命人一字不改地

---

① 每枚铜钱约重一钱，十枚铜钱约重一两。

将文章刻在石碑上。

而对于自己的年少轻狂、恃才傲物，以及对于陈希亮处处提点初出茅庐的自己不要得意忘形的种种，苏轼是若干年后才明白个中滋味的，以至于从不轻易给人写墓志铭的苏轼，在陈希亮去世后，还为他写了一篇很长的墓志铭，以表达自己的哀思。

## 凌虚台记（节选）

苏轼

轼复于公曰："物之废兴成毁，不可得而知也。昔者荒草野田，霜露之所蒙翳，狐虺之所窜伏，方是时，岂知有凌虚台耶？废兴成毁相寻于无穷，则台之复为荒草野田，皆不可知也。尝试与公登台而望，其东则秦穆之祈年、橐泉也，其南则汉武之长杨、五柞，而其北则隋之仁寿、唐之九成也。计其一时之盛，宏杰诡丽，坚固而不可动者，岂特百倍于台而已哉！然而数世之后，欲求其仿佛，而破瓦颓垣无复存者，既已化为禾黍荆棘丘墟陇亩矣，而况于此台欤？夫台犹不足恃以长久，而况于人事之得丧，忽往而忽来者欤？而或者欲以夸世而自足，则过矣。盖世有足恃者，而不在乎台之存亡也。"既已言于公，退而为之记。

苏轼在凤翔任职三年后，按照宋朝的磨勘①制度，朝廷要考察苏轼这三年的政绩，然后另授新职。治平元年（1064）年底，苏轼举家迁返京师，当时仁宗皇帝已逝，新主英宗亦十分赏识苏轼的才华，想要破格起

① 磨勘：唐宋时期，定期（一般为三年）勘验官员政绩，以定升迁，称为磨勘。

用，诏命苏轼入侍翰林，任知制诰，为皇帝起草诏书。但时任宰相韩琦提出反对意见，并对皇帝说，对所推重之人，应该俟其才干老练之后再授其高位。英宗又想让他修自己的起居注，但韩琦仍旧反对，理由也是一样。他要皇帝按照升迁的规矩来对待苏轼，以免天下人对他有非议。最后，韩琦主张让苏轼通过考试后到馆阁[①]中任职，英宗说："在不知其才干的时候才需要考试，难道对苏轼的才能还不清楚吗？"虽如此说，皇帝还是按照韩琦的意见，安排了苏轼考试，待其合格后，才命苏轼入史馆就职。对于韩琦的种种"刁难"，苏轼从未心怀不满，反而认为韩琦是"爱人以德"，他清楚如果名不正则会导致言不顺，也定会如韩琦所担忧的那样，惹来诸多非议。

就在苏轼刚刚卸下地方任上的疲惫，欲在史馆中饱览珍本书籍以安静度日之时，却发生了一件大不幸之事，与他相伴十一年的结发妻子——王弗病逝了。这件事令他终生不能释怀。十年后，他在梦中与妻子再次相见，醒来后，泪湿衣袖，肝肠寸断。时间和命运总是并辔而行，它们会将一切看似恒常之事进行无情的轮番碾轧，直至面目全非，直至生离死别、兴衰荣辱被视为常态。

## 四、发妻王弗

至和元年，十九岁的苏轼迎娶了十六岁的王弗。娶妻本应是人生中一

---

① 馆阁：宋时有昭文馆、史馆、集贤院，称为三馆，分掌图书、经籍、修史等事；又有秘阁、龙图阁、天章阁，主要是藏经籍、图书及历代御制典籍。以上统称馆阁。

件至大至美的乐事，但对于一直好道而打算羽化登仙的苏轼来说，娶妻却是他和父亲苏洵相妥协的结果。

自幼受道家熏染的苏轼，其理想的一生便是逃遁山林学习道术，而永不婚娶，这种想法自然得不到苏洵和程夫人的支持，父亲和族中兄长的不断施压也迫使苏轼不得已而妥协，但是在这较量之中，苏轼也获得了相对自由的选择权。

苏氏家族虽然起于寒微，但是自苏涣跻身朝堂并累居高官以来，苏氏在眉山也逐渐成为显赫的家族，所以苏洵能够迎娶家境优渥的程夫人，而后来苏辙婚配的对象也是眉山的大家闺秀史氏，但是苏轼迎娶的却是眉山青神[1]的乡贡进士王方之女王弗。王氏在眉山仅是普通的读书人家，并非富贵之家。苏轼早期与王弗的父亲和兄弟都熟识，所以迎娶王弗也有苏轼的意愿在其中，是和父亲苏洵相互妥协、折中的选择。

虽然二人并不陌生，但是在婚娶之初，苏轼并不知道王弗通诗书、懂文墨。只是苏轼读书时，王弗在一旁“终日不去”，起初苏轼并未在意，谁知在他背书卡壳时，王弗竟能轻声给他提示，这让苏轼很是意外，又拿出其他的书问王弗，发现她都能略知一二，这使得苏轼更加惊异，也非常高兴，他对这位新婚妻子有了新的认识，觉得她聪明又沉静。王弗对待公婆亦十分孝谨，就像在家侍奉自己的双亲一样，所以也深得苏洵和程夫人的喜爱。

新婚后的第三年，苏轼和爱妻分别，与弟弟苏辙跟随父亲入京赶考，

---

① 青神：今四川青神县。

并一举得中。但就在这一年，程夫人去世了，苏轼回乡为母丁忧，夫妻二人就此过了一段平静的日子。丁忧期满后，他们举家迁往京师，与之同行的，还有他们的长子苏迈和父亲苏洵、弟弟苏辙及夫人史氏。此番入京后，朝廷会授予兄弟二人官职，而苏洵也将得到朝廷的任命。王弗聪明能干，与弟弟、弟媳相处也很愉快。前方可见的日子充满着无限的希望。

嘉祐六年，苏轼获得制科考试的最高等第，签判凤翔，王弗和苏迈及苏轼的乳母任采莲随行。聪敏的王弗知道应该怎样与这位才华横溢并锋芒毕露的丈夫相处，她的话不多，却总能在关键时刻提醒丈夫，令他不至于忘形。在相继离开眉山和京师之后，苏轼没有了程夫人和苏洵的教导，王弗便时时规劝自己心无城府、坦白爽直的丈夫，也时常重提苏洵告诫过苏轼的话，并对他说："你离开双亲，凡事都要谨慎。"

正如苏轼自己所说，他是一个"上可以陪玉皇大帝，下可以陪卑田院[1]乞儿"，"见天下无一个不好人"的人，然而这样无所矫饰的个性，在官场自然是弊多于利。在凤翔任上，担忧丈夫言行有失或无知人之明，王弗常常在苏轼会客时躲在屏风后面静听，待客人离开后，她会一一品评，对"言语持中的墙头草"和"一见面就特别热络"的两类人，王弗很不以为然。她对苏轼说，前一种人既然事事不发表意见，那么就没必要跟他讨论问题；而后一种人必然是"来得快，去得也快"，维持不了长久的友情。王弗的这些预言，事后来看，也确实被一一验证了。

在生活上，除了照料苏轼的饮食起居外，王弗也会对苏轼的个性加以

① 卑田院：为"悲田院"的语讹，即养济院，收容乞丐的地方。

规约。在凤翔任上，苏轼一家的宅邸内有一棵大柳树。有一年冬天，出现了别处积雪盈尺，但柳树下却无雪的怪异景象，待到雪霁天晴时，地面隆起数寸，苏轼见到后十分诧异，觉得此处可能是古人掩埋丹药之处，就想挖开看看。谁知谨言慎行的王弗重提当年程夫人在纱縠行不曾挖掘有怪异声响的大瓮的旧事，并对苏轼说："假使婆婆还在，此次必定也不会挖掘的。"苏轼听闻此言，便绝口不再提挖掘之事。

性格沉静聪敏的王弗与苏轼琴瑟相和十一年，治平二年五月，王弗突然病逝于京师，身后留下了还不满七岁的长子苏迈。这对于年近而立、事业才渐顺遂的苏轼来说，无疑是一个太过沉重的打击。此去经年，二人生死异路，阴阳永隔。他对妻子的怀恋无以复加，同时也感到深深的无助，所以他才在《亡妻王氏墓志铭》中沉痛地说出"余永无所依怙"这样绝望的话来。听闻儿媳王弗去世的消息，苏洵叹息伤悲之余，对苏轼说："切勿忘记她与你同患难共吃苦，以后就把她葬在你母亲坟茔的旁边吧。"

十年之后的熙宁八年（1075），苏轼任职密州，这一年的正月二十日，他梦见了发妻王弗，醒来时发现自己泪流满面，于是提笔写下了那首传诵千古的悼亡词——《江城子 · 乙卯正月二十日夜记梦》。

## 江城子 · 乙卯正月二十日夜记梦

苏轼

十年生死两茫茫。不思量，自难忘。千里孤坟，无处话凄凉。纵使相逢应不识，尘满面，鬓如霜。

夜来幽梦忽还乡。小轩窗，正梳妆。相顾无言，惟有泪千行。料得年年肠断处，明月夜，短松冈。

治平三年，苏轼还未从丧妻之痛中解脱出来，年迈的父亲却又与世长辞。旱路迢迢，水路漫漫，辞去官职的苏轼和苏辙两兄弟将父亲和王弗的灵柩运回眉州故里，安葬于祖茔。苏轼将王弗安葬在程夫人墓地的西北处，苏轼一生中两个最重要的女人——他的母亲和妻子——在九泉之下相伴了。

此后的两年又三个月，苏轼守制丁忧在家。居丧期间，苏轼将在凤翔任上搜集到的吴道子的画作，并父亲收集的一百多幅画作施舍于佛寺，并修筑菩萨阁储藏这些画作，希望可以庇佑父亲和妻子的亡灵。

居丧期满后，在王弗亲戚的撮合下，苏轼续弦，娶了王弗的堂妹——王闰之。王闰之比苏轼小十一岁，不同于堂姐王弗的沉静聪敏，王闰之性情温婉和顺，与苏轼相伴二十六年，先后育子苏迨和苏过，对堂姐留下的苏迈也能视如己出。此后苏轼宦海沉浮，王闰之也总是随遇而安，始终相伴左右。

司马光曾在《程夫人墓志铭》中写道："古之人称有国有家者，其兴衰无不本于闺门。"苏轼虽然在感情之路上遭遇了巨大的变故，但好在陪伴他的两位妻子都温婉贤良，让他漂泊的一生一直有可以停靠的港湾。

熙宁二年（1069）二月，苏轼、苏辙二兄弟丁忧期满，回到京师。然而此时朝廷却正悄悄发生着巨变，此后政治上所卷起的千层巨浪，不仅屡屡陷兄弟二人于绝境，甚至还引发了朝野的动荡。

## 第二节　祸起党争

就在兄弟二人居丧期间，继位仅五年的宋英宗驾崩，二十岁的太子赵顼继位，是为宋神宗。此时的宋朝政权更是内外交困，处在这种时局中的政治家们都在探索着改革之路，但对于如何实行改革，观点却不尽相同。朝堂之上逐渐形成了两个势同水火的党派，一派是以司马光为首的旧党，一派是以王安石为首的新党。两派的“披露腹心”“捐弃肝脑”其实都是一样的。对此，年少的皇帝并非不分明，只不过他要走自己想走的那条路，于是皇帝和王安石成为了同路人，也与旧党一行人渐行渐远。在历史的岔路口，苏轼和皇帝也注定要分道扬镳。

### 一、熙宁新法

（一）北宋时局

治平四年（1067），宋英宗驾崩，此时神宗接手的大宋王朝却是一个积贫积弱的政权。虽然太祖赵匡胤结束了分裂割据的局面，但与其他大一统之后继之而来的富强繁荣不同，大宋的统一却始终摆脱不掉对外积弱不振、对内积贫难疗的命运。

首先，军事上冗兵严重。历代在创建统一的政权之后，如秦汉隋唐，无不伴随着大批兵士的复员，但是由于唐末藩镇的弊病遗存和外寇的虎视眈眈、其欲逐逐，所以宋立国之初，太祖虽通过“杯酒释兵权”裁抑兵权，解除了节度使把持地方政权的弊端，却不能裁撤部队。宋兵非但不能复员，反而还在逐年增多。太祖开国时，宋朝有兵士二十万，到了英宗治平年间，兵士却多达一百多万。

其次，外交上积弱不振。虽说宋朝军队人数众多，但宋兵的战斗力却未能因此提升，这是因为“防武官兵变”是宋朝从胎里带来的热毒，统治者要想尽一切办法限制武官的权力，于是出现了以文臣代武将的荒唐做法，文官染指军权，致使宋朝军队虽兵源充足、军费高昂，但战斗力却十分低下，所以宋朝在外交上吃尽苦头，高梁河之战等多次战役均以失败告终，而澶渊之盟的订立也是孤注一掷的险计，这些其实都是宋朝军事疲弱的反映。

再次，政治上冗官严重。不让武将操握政权的并发症便是令文臣凌驾于武官之上，宋朝的文官数量及待遇都远超唐朝。应进士之举的士人，更是逐年增加。对文人的大肆奖掖，一方面形成了文治的格局，另一方面也必然增加财政的负担。官俸除银钱之外，还有衣料、茶酒等常例供应，有时还有额外的恩赏。荫子荫孙的承荫之制也十分宽容，有的甚至能荫及异姓亲属、门客。

最后，经济上入不敷出。这也是上述现状的综合反映：冗兵的结果一方面是农耕废辍减少了收入，另一方面是军费高昂增加了支出；军事的疲弱导致了外交的不振，而外交不振则意味着财物的贴补。澶渊之盟之后，宋朝每年要给辽国岁币和绢帛，至仁宗时，每年还要给西夏银、绮、绢、茶等物；冗官也使俸禄支出直接增加。除此之外，皇帝宗室的开销更是不在话下。

虽然朝廷竭力增加岁入，但是其速度远远赶不上支出的速度。在太宗时，朝廷的岁入还能剩余大半；到了仁宗时已是收支相抵，并无盈余了；而到了英宗时已经开始入不敷出了。据统计，仁宗、英宗两朝的岁入是太宗时岁入的六倍，可以想见，神宗所面临的财政亏空的缺口是多么巨大。

面对此种情景，神宗皇帝和当朝官员对改革之迫切自不待言。而对宋朝的政治进行改革，并非是在神宗一朝才成为君臣共识的，早在庆历年间，仁宗皇帝和范仲淹、富弼等人就力主推行了“庆历新政”，新政之中有一半的改革方案是针对“吏治”而制订的。但宋朝近百年对士大夫的优渥政策被革，自然引起了当时既得利益者——绝大多数士人的强烈反对，所以他们抨击范仲淹结党营私，继之将革新派排挤出朝廷，各项改革均被废止，新政推行还不到一年就夭折了。但是宋朝事实上的变法需求依然还在，并且随着时间的流逝，这种变革的愿望甚至变得愈加迫切。

而到了神宗一朝，一位理想主义者遇到了全力支持他的乾纲独断的皇帝，于是，一次对大宋王朝影响极为深远、对苏氏兄弟命运影响亦极为深远的改革大幕被徐徐拉开。但是，改革之事如果冒进且用人不当，那么带着巨大善意的改革也有可能结出恶意十足的苦果，这样的变革非但不能令朝野清明，反而会带动整个王朝加速驶入万劫不复的深渊。

（二）新法推行

熙宁二年，待苏轼和苏辙回到京师之时，王安石已被任命为参知政事[①]，并于这一年着手实施变法，史称“熙宁新法”。王安石认为朝廷的当务之急是“变风俗、立法度”和“奖用功实”，在此思想的指导下，他颁布了一系列新法。

由于当时行政、军政、财政分掌于中书省、枢密院、三司[②]三处，此种情况不便于施行新法，为了统筹三权分立的情况，王安石特设“制置三司条例司”掌管新法的制定和颁布，其长官由中书省和枢密院的首长兼领。自熙宁二年至元丰八年（1085），熙宁新法共持续十六年之久，逐一颁布的新法，也在全国推行开来。

熙宁二年七月，推行均输法。均输法是朝廷用来平抑物价、调节物资供需的一种方法。规定朝廷所需货物，均由发运使[③]依据各处之物的收、支、存情况，动用国库拨款，在价廉时就近收购，存储备用，以调剂丰歉。

九月，推行青苗法。青苗法是将之前的常平仓[④]的储粮折算为本钱，以百分之二十的利率借贷给百姓，目的在于缓和当时民间高利贷盘剥百

---

① 参知政事：副宰相。

② 三司：此处指的是唐宋时期，置盐铁使、度支使、户部使为管理财赋之官。

③ 发运使：宋朝时，专指总领江淮等六路漕运之官。

④ 常平仓：汉宣帝时，耿寿昌建议于边郡筑粮仓，谷贱时用较高价钱籴入，谷贵时减价粜出，称为常平仓。汉以后历代在“调节粮价，备荒赈恤”的名义下，常设这种粮仓。

姓的矛盾。在青黄不接之际，官贷钱于民。正月放款，夏季敛款；五月放款，秋季敛款。本名常平钱，民间称青苗钱。

十一月，颁布《农田水利约束》。这项法令，一是鼓励各地开垦荒地；二是鼓励疏浚河流，修建灌溉、堤防、排水沟等水利工程；三是私人兴修水利，费用过多者，可以由政府贷款，依例出息。总体上都是鼓励兴修水利，对卓有成效的地方，按功劳大小升赏。

熙宁三年（1070）十二月，又先后颁布了保甲法和募役法（也称免役法）。我国古代自秦朝开始，百姓都要服徭役，募役法是按贫富将民户分成五等，凡有不愿充役的，可以出助役钱，由官府统一招募其他人选代替出钱者服役。保甲法，设十家为一保，有保长；五十家为一大保，有大保长；十大保为一都保，有都保正、副。凡家中有丁口两人以上者，选一人做保丁。保丁自备弓箭，演习武艺战阵。同保范围内如发生犯法事件，保丁须检举、揭发或追捕。保甲法的用意是可以使各地壮丁接受军事训练，与正规军相参为用，一则省却国家的大量军费，二则可以建立严密的治安网。

熙宁四年，更改科举考试制度，废除明经诸科，进士科考试则罢诗赋、帖经和墨义，而试以经义、论、策。与此同时，王安石主持了熙宁兴学，改革太学，恢复发展地方学校，恢复武学、律学和医学。为了统一思想，王安石还主持编纂了《三经新义》作为官学的统一教材和科举考试的标准答案。

熙宁五年三月，推行市易法。市易法是针对市场货物滞销而颁行的一项法令。规定在京都和边境及重要城市设市易司或市易务，由朝廷出资平价收购市场上滞销的货物，待到这些货物短缺时再卖出。其用意是稳定物价、增进商品流通。

五月，推行保马法。针对官养马匹所费不赀但效果不佳的弊端，王安石推行的保马法是募民牧养。令朝廷设立畜马监，责令京东[①]、京西[②]两路的保户来养官马，每都保（五百家）饲养官马五十匹，京东限十年，京西限十五年养足。每匹马给钱十千，并免去饲养者每年的征役。每年定期检查马的肥瘦，有病死的要补偿。这样做的目的是减省官府的开支，“官养一马，以中价率之，为钱二十七千。募民牧养，可省杂费八万余缗[③]”。

八月，颁行方田均税法。方田均税法也称方田法，是熙宁新法中针对土地征税制度的一项改革措施。宋朝的土地买卖兼并由来已久，致使地籍紊乱，富者田产日增而田赋并未随之增加，贫者田产日少而田赋并不随之减少。针对这种现象，王安石主张通过丈量田亩、整理地籍，实现均平税收负担，并增加财政的收入。方田均税法分为“方田”与“均税”两个部分：“方田”是土地的丈量，以东西、南北各一百六十步为一方，再按土地肥瘠分为五等（后又增为十等）；“均税”即是根据丈量的结果为依据，确定税额。

本着“民不加赋而国用饶”的目标，王安石所推行的一系列新法，其

---

① 京东：路（相当于现在的“省”）名。辖今山东徒骇河东南，山东省东明，河南省睢县、柘城以东地区及江苏省西北角。

② 京西：路名。辖境相当于今河南省开封、淮阳以西，陕西省东南部，以及湖北省西北部。

③ 缗：成串的钱，每串一千文。

初衷都是为了抑制兼并、平抑物价、救济百姓。但令人惊诧的是，比之于范仲淹推行的庆历新法备受有识之士的拥立，王安石所倡导的熙宁新法却遭到了大多数人的反对，这些人有的还是庆历新法的直接参与者，诸如韩琦、富弼、欧阳修等。这并不是因为他们被庆历新政的失败刺痛了，无心锐意改革，而是出于他们与王安石截然不同的政治观，这也导致两派屡屡争执于朝堂之上。

王安石刚到京师不久，就曾与司马光因为财政问题在神宗面前争执不休。当时正值春季祭天大典之际，由于国库空虚，神宗皇帝主张免去赐予朝臣的银两和绸缎，这与司马光倡导俭省不必要的靡费观点相一致。

但是王安石却并不赞同，他认为国库空虚是由于朝臣不懂得理财之道的缘故。他说："自古以来，从来没有财不足的忧患，无理财之道才是病患所在。"王安石认为"国用不足，只因为没有善于理财之人。善理财之人能在民不加赋的基础上使国用充足"。司马光反驳道："天地所生，财货百物，不在百姓手中便在官府手中。设法夺民之物，比加赋的危害更甚。"

在今天看来，其实王安石的论断并无不妥，要想增加财富，除了变更分配方式，只需增加生产即可。只不过对于生产力无法大幅度提高的宋朝来说，其实并没有增加生产的可能，所以司马光的预言在日后一一成了现实。伴随国家财政收入增加始终的，便是朝廷不断地将自己的手伸进本就不富裕的百姓的腰包。

此外，许多老臣都富有预见性地指出了潜藏于这些新法之下的诸多弊端，一套新的制度，如果举全国之力实行，无疑存在着巨大的风险，因为有着太多复杂、琐碎又偶然的因素会影响新法的推行。

熙宁二年至熙宁六年（1073），与新法次第成立相伴随的却是老臣的相继离朝。这些人或被排挤出朝堂外任，或称病，或引退，或要求外任。一时间，新旧两派势同水火，不能相容于朝堂之上。熙宁二年六月至七月，御史台被大规模整肃，御史中丞吕诲罢官，刘述、刘琦等十二位御史被贬；谏官范纯仁、李常等也因与王安石意见不合而相继离开朝廷。十月，宰相富弼离朝；熙宁三年二月，司马光自请离京，此后闭门著书，绝口不问政事长达十五年；四月，御史中丞吕公著和监察御史程颢被贬；九月，曾公亮罢官；熙宁四年四月，枢密使文彦博罢官；六月，欧阳修去职。

因为政见不合，导致朝臣的大范围离朝，在历史上实属罕见，究其缘由，大概有两方面原因：

一方面，这与双方的政治见地不能相容相关，以王安石为首的“新党”侧重以增加国家赋税的理财之法来达到富国强兵的目的，而以司马光为首的“旧党”主张渐进的改革，通过节俭用度，减省冗费来惩治时弊、安定民心，进而逐渐革除社会的弊病和巨大的矛盾。

另一方面，这种局面的形成与新党党同伐异息息相关。王安石推行的一系列新法，虽然初衷都是好的，但必须经过长时间细致缜密的渐次推行，并应根据实际情况随时修正，此外还需要体察新法之意的良吏才能达到成效。但当时，推行新法以快为要，又因王安石个性有些刚愎自用，听不得别人对新法的一丝批评，所以朝中的有识之士，无论是他的故友亲朋，还是与其有泛泛之交的能臣故吏均远离了王安石。

在朝中无人可用的情况下，王安石及其改革派便不得不起用一群宵小之徒，他们对朝政并无见地，只是善于逢迎以求仕进。更有一些劣迹昭彰、阴险诡诈之徒也借势而起，比如谄媚阿谀、伺机幸进的吕惠卿，为避丁忧瞒母丧不报的李定，都是新法施行过程中的旗手。这群人，其实不需要拥有多么高明的政治智慧，他们只需对王安石表现出“忠心耿耿”就可以了。他们惯用的伎俩和最大的“本领”其实是陷害和清除朝中的异己，而很快这股风暴就席卷了整个朝廷。此后多年，朝中高洁之士都要疲于应付这群魑魅魍魉，致使北宋朝局陷入党争之中不能自拔。

尽管众人反对，并将反对的理由一一条陈，但是神宗皇帝对王安石还是言听计从。这固然是形势所逼，但同时，王安石勾画的美好愿景也的确充满了诱惑力：一方面，之前范仲淹的“庆历新政”在吏治的澄清上遇到了巨大的阻碍，而王安石的变法并不涉及吏治。他的理财之法亦以“民不加赋而国用饶”为目标，能够缓解当时财政的巨大压力，而“民不加赋”的重“开源”而轻“节流”也无疑更加切合神宗皇帝的心思。另一方面，对于血气方刚的皇帝而言，大变革的宏伟蓝图自然要比稳健低调的查缺补漏更具吸引力。加之神宗皇帝在登基之前就对王安石慕名已久，所以在新法推行过程中，神宗皇帝对王安石的支持当真是不遗余力。其态度强硬到了只要阻隔新法，无论其人官居何位，都一律罢黜的地步。就这样，君臣二人义无反顾，阔步向前，哪怕是合理而中肯的建议也都置若罔闻了。

于是，在北宋神宗一朝，出现了这样怪异的局势：王安石领导的一群宵小之徒，本不能与当朝的诸多元老重臣相抗衡，在双方实力悬殊的情况下，由于有了最高统治者这一最具分量的砝码，加之宵小之徒用尽了各种卑劣手段，结果元老重臣一一败下阵来。

由此带来的恶果便是改革实行之后的民怨沸腾。推行新法本是为了抑制兼并、稳定物价，但由于用人不当，致使立法的本意尽失，在实际执行过程中出现了重大的偏差。如青苗法，本意是为了在青黄不接的时候救济百姓，但在实行过程中，地方官员为了完成任务或是邀功心切，便强行摊派，有些不需要借贷的百姓也必须借贷，而为了防止收不回所放之款，官吏便随意提高利息，或是设置其他名目繁多的勒索款项。这样，青苗法就变质为官府辗转放高利贷、收取利息的苛政了。

王安石设计出来的一套国家资本主义制度，初衷是既可为朝廷增加收入，又能为百姓解决燃眉之急，只可惜带着巨大善意的改革却结出了恶意十足的苦果，这一方面源于他刚愎自用的个性，另一方面也是时代的不允准。历史的难处就是，所有的历史悲剧都是注定了的。就像苏轼，明知在当时反对新法是飞蛾扑火，但是他的个性如此，他既不愿也不能明哲保身或是全身而退，所以等待苏轼的也只能是万丈深渊。

## 二、正面交锋

熙宁二年，三十四岁的苏轼丁忧后回朝。二月，以殿中丞、直史馆授官告院[1]，兼尚书祠部判官。四月，王安石筹划推行学校贡举改革，意欲变科举，兴学校。听到这个改革方案，神宗皇帝对此心存疑虑，于是便

① 官告院：官告的管理机构。“告”也作“诰”，官告，即古代授官的凭证，视官职大小，用各色绫纸，盛以锦袋。

诏命朝臣在一个月之内上议状来讨论此事。五月，苏轼上书《议学校贡举状》，其观点迥异于其他朝臣，他认为，“贡举之法，行之百年，治乱盛衰，初不由此”，所以科举不能轻废。神宗皇帝读此议状之后说：“我开始的疑虑就在此，如今看到苏轼的奏议，豁然开朗。”即日便召见苏轼，当面询问他改革之道，苏轼直言，皇帝“求治太急，听言太广，进人太锐”，他劝神宗治理天下如行军打仗，先动者为客，后动者为主，主常胜，治理天下时人主不应先动，“愿镇以安静，待物之来，然后应之”。神宗皇帝听后，神色悚然，并说：“爱卿所言，朕一定详思。”于是，贡举之法的改革被暂且搁置。

新法在刚刚起步之际，就受到阻挠，当然非王安石所愿。而且自苏轼回朝起，政见就一直与自己相左，所以当神宗皇帝第一次想要提拔苏轼时，王安石提议让苏轼任一府推官即可，神宗皇帝表示想让苏轼编修《中书条例》，王安石也当即表示反对，认为苏轼“不宜轻用”。神宗皇帝也便将提拔之事就此搁置了。

面对王安石的非难和“敲打”，苏轼并未加以理会，仍旧直言不讳。当时，王安石在朝中深得神宗皇帝的信任，地位如日中天，凛然不可侵犯，听不得一丝辩驳之言，并鼓动皇帝独断专权，这令苏轼非常反感。熙宁二年八月，苏轼在任国子监举人考试官时，他出了一策：“晋武平吴以独断而克，苻坚伐晋以独断而亡；齐桓专任管仲而霸，燕哙专任子之而灭。事同功异，何也？”借以暗讽王安石的专断，引得王安石勃然大怒。其后果便是神宗皇帝几次欲提拔苏轼不成，司马光举荐苏轼任谏官也无疾而终。

十一月，神宗皇帝欲让苏轼为自己修起居注[1]，王安石对皇帝说："苏轼岂是可奖掖之人？"皇帝说："我看苏轼为人平静，司马光、韩维、王存都很称道他。"王安石便说苏轼乃是奸邪之人，不但附丽欧阳修，在父丧回蜀期间还贩卖苏木，如果省府有判官缺位还可派用，但修起居注这般重要的事却是万万不可分派给他的。

贩卖苏木之事实为构陷，但是神宗皇帝听王安石如此言之凿凿，便逐渐对苏轼失去了信任，只任命他为开封府推官。推官公务繁重，王安石意在让苏轼无暇顾及新法事宜。只不过苏轼上任之后决断精敏，声闻远播，非但没有为推官之职所累，反而继续反对新法，甚至还有闲暇管起皇帝的"闲事"来。

这一年的十二月，是神宗皇帝继位的第三年，此时国丧已满，正值上元灯节临近之际，神宗打算在宫里好好庆贺一番，于是下令购买四千余盏浙灯。在闻得报价之后，神宗觉得费用过高，于是下令减价收购，又禁止百姓购买，以满足宫中所需。苏轼听闻此事后，上了一道《谏买浙灯状》，劝谏皇帝对此事应三思而行，他写道："陛下为民父母，唯可添价贵买，岂可减价贱酬。此事至小，体则甚大。"神宗皇帝看过谏书之后，也深觉此举不妥，便从善如流，收回成命。

苏轼见收到成效，觉得皇帝明大义、识大体，值得自己对其"披露腹心，捐弃肝脑"，于是又冒着触犯龙颜的风险给皇帝上了一封谏书。在上书中，他劝谏皇帝应"结人心、厚风俗、存纲纪"，又直言新法的种种

---

① 起居注：古代帝王的言行录。

弊端。如对新设的制置三司条例司，苏轼认为原来的三司行百年而无错失，不必平添其他机构，使得“吏皆惶惑”“民实惊疑”；而《农田水利约束》一味地奖励水利兴修，则会导致各地官员急功近利，而不从实际出发，不负责任地耗用民力；对于青苗法，苏轼则颇具预见性地指出，在实施过程中官员为了防止发放的青苗钱收不回来，势必会让富户多贷，而最需要借贷的贫困者反而贷不到，各地官吏为了邀功，甚至还会出现摊派的情况。虽然从日后新法的推行来看，苏轼的预言多有应验，但同前一封上书结果不同的是，这封上书如泥牛入海，杳无音信。

在对待王安石变法的态度上，虽然苏轼始终站在“旧党”一派对“新党”加以反对，但其实他并非完全的保守派。相反，他还一直积极倡导革新，只是在具体革新方式上与新派迥然不同。熙宁三年二月，苏轼再次上书神宗，论述新法的种种不便，称新法“遣青苗使，敛助役钱，行均输法，四海骚动，行路怨咨”。但新法推行早已呈燎原之势，又岂能因他一人之言而有所损益！

就在苏轼极力反对变法的同时，他和王安石的关系也在进一步恶化着。除了不能认同王安石的政治观点，在学术上，苏轼对王安石也有诸多不屑之处。当时，为了给变法造势，王安石重新注释经典，写就《三经新义》作为科举考试的标准答案，苏轼对这种统一的“驯化”十分反感，同时他对王安石的学识也持怀疑态度。王安石曾作一部《字说》，是将文字分解组合得出含义，比如“波”，王安石说“波者，水之皮也”，“笃，为竹鞭马”。对这样不遵循文字本身的造字规律而独凭想象的“字说”，苏轼就曾当面揶揄这位当朝宰辅：“波是水之皮，难道滑是水之骨吗？”“以竹鞭马为笃，以竹鞭犬，有何可笑？”还有一次，苏轼问王安石：“为什么‘鸠’是‘九’和‘鸟’合成的呢？”王安石无法自圆其说，一时语塞。苏轼笑笑说：“《诗经》有云：‘鸤鸠在桑，其子七兮。’七个幼鸟再加上它们的父母，可不就是九鸟吗？”如此几次，王安石与苏轼的关系也就彻底闹僵了。

苏轼为人个性洒脱，不避锋芒，多次与王安石及其党羽发生龃龉，有时候甚至需要皇帝裁夺，但是苏轼忘了，在整个变法过程中，神宗皇帝其实也是新党中的一员。主政者，最重要的当是维持朝局的平衡，避免两种势力在权力的天平上失衡，因为一旦如此，双方便失去了平等对话的可能。可惜的是，虽然满朝重臣皆反对变法，但由于神宗皇帝毅然站在了变法一侧，便导致了权力的骤然失衡，如此做的后果，不消几年，便可显现。

熙宁三年三月的省试，吕惠卿任主考官，当时阿谀新政的举子多被定为高等，而直言抨击新法的都为下等。当时的举子叶祖洽在科举考试中大肆褒扬新法，赞神宗皇帝继位后能革新祖宗因循的苟简之政，因而被举为第三等，复考官置其为第五等（即落榜）。苏轼上书说：“叶祖洽诋毁祖宗，献媚时君，让他夺魁，何以正风化？”所以请求黜落叶祖洽。皇帝怫然不悦，不许苏轼的请求。最终，叶祖洽竟被点为第一。

神宗皇帝对苏轼乃至旧党态度的微妙变化，也让新党的群小看在眼中，他们觉得反击的时机已到，于是，便罗织罪名排除异己。王安石在整肃了御史台之后，大肆起用自己的亲信供职御史台，其中之一是他的姻亲谢景温[1]。

八月，谢景温上书皇帝，诬奏苏轼在苏洵去世扶丧回蜀丁忧之际贩卖私盐。在北宋，做官常有保举之人，如果被保举之人犯罪，则会牵连保举之人。当时保举苏轼的是旧党的关键人物——范镇，谢景温此举正是想一石二鸟，踢掉旧党中的两位先锋。面对群小使出的种种卑劣不堪的龌龊手段，旧党的老臣多不再恋栈，开始纷纷离朝。十二月，范镇致仕，上书之后，愤然离朝。他在最后的上书中对皇帝说："陛下有纳谏之资，大臣进拒谏之计；陛下有爱民之性，大臣用残民之术。"气得王安石瑟瑟发抖。

面对御史无中生有的弹劾，苏轼并不多加辩解，任凭调查，官差自然一无所获，苏轼在写给内弟的信中说他们"徒劳掀搅，取笑四方耳"。虽是如此，但苏轼终难掩对朝廷的失望之情，一次次毫无结果的争论也开始令他对朝堂产生倦怠，因为此处早已不再是讨论朝政之所，而变成了乌烟瘴气的党争之地。

与王安石交恶后，苏轼的政治才华亦得不到施展，几次上书均被搁置不用。王安石甚至多次让皇帝将苏轼降职和罢免，甚至不惜罗织罪名诬陷于他。新党暗射的冷箭和皇帝的毅然决然，都逼迫着苏轼离开这个是非之地。于是，苏轼上书请求外任。

当时，皇帝有意让苏轼任知州一职，按照宋朝的升迁制度，苏轼也具备任知州的资格，但是却遭到新党的反对，新党提议让苏轼做京师附近一个县的通判，神宗到底还是怜惜苏轼的才华，改为外任杭州，令他到风光

---

① 谢景温的妹妹嫁给了王安石的弟弟。

优美之地做通判。

苏轼带着失落之情打点行囊，准备动身前往“淡妆浓抹总相宜”的杭州，此后，天高水阔，等待苏轼的也将是一段别样的生活了。

## 三、外任杭州

熙宁四年（1071）七月，苏轼携家眷准备到杭州赴任，陪在他身边的是夫人王闰之和已经十三岁的长子苏迈，此外同行的还有次子苏迨。

途中他们路过陈州，因为苏辙正在陈州充任教授[①]，所以苏轼一家便在陈州稍事停留，两家人在一起度过了七十余日的欢乐时光之后，苏轼和家人才再向杭州进发。九月，苏辙送他们到颍州[②]，并一起拜望了他们的老师欧阳修。因反对变法，欧阳修被外任，此时已致仕在家。在老师家盘桓二十余日后，苏轼与弟弟和老师别过。别离时已是秋风渐起之时，苏轼后来在诗中说“此别尤酸冷”，因为朝堂之上晦暗不明，此去杭州怕也是孤立无援，而新法势必也要在杭州推行。怀着惴惴不安的心情，十一月二十八日，苏轼到达了杭州通判的任上。但这一切的不安很快就被杭州优美的风景融化了，西湖的诗情画意，诗人的敏捷才情，在这里完成了一次盛大的相遇。

“晴天水潋滟，雨天山空濛”的西湖，天欲雪时云满湖面，远处楼台明灭、山峦隐现，湖上游人如织，笙歌缭绕；城南钱塘江水势如奔马，惊

① 教授：宋朝时，诸路州军立学，置教授，用经术行义教导诸生，并掌管课试之事。

② 颍州：治今安徽阜阳。

涛拍岸，海中点点白帆悠悠远去，听渔歌互答，看浮光跃金；在西湖西面便是宝刹灵隐寺，寺庙隐身在林深树茂的层峦叠嶂之中，只有塔顶的飞檐如同将要振翅翱翔的小鸟显露在外；阳光下，婆娑的树影洒在青瓦白墙之上，及至夕阳西下，夜市喧嚣之声渐起，便是十里灯火。

初到杭州，苏轼便被杭州的一切深深吸引，敏感而多情的苏轼甚至一度认为自己的前世就曾在杭州居住生活过，此后这位大诗人便用手中的笔肆意表达着对这块土地的爱，他写就了很多描写杭州风景的名篇，其中以咏唱西湖的《饮湖上初晴后雨》最为著名。

## 饮湖上初晴后雨（二首）

苏轼

其一

朝曦迎客艳重冈，晚雨留人入醉乡。

此意自佳君不会，一杯当属水仙王。

其二

水光潋滟晴方好，山色空濛雨亦奇。

欲把西湖比西子，淡妆浓抹总相宜。

除了欣赏美景、饮酒赋诗，喜爱结交朋友的苏轼在安顿好家人后，就去拜会了名僧惠勤。惠勤是此次来杭州前在欧阳修府上停留时，欧阳修再三向他提起的有道高僧。此后他又通过惠勤结识了惠思和道潜（即参寥子）。

在杭州任内，只要他稍有闲暇，便会屏退随从，独自一人漫步山间，游历寺庙，享受一份遗世独立的清幽。有时，他到寺庙中与几位高僧畅谈，“清坐相对，时闻一言，则百忧冰解，形神俱泰”，或一起切磋写诗之道；有时，他甚至不和任何人交谈，赤足登山后，累了就向寺里的和尚借一把躺椅，将躺椅放置在竹林边，脱下袍子赤背躺在上面睡觉。山林阒无人声，鸟鸣空幽，幽静的本身就充满着无尽的禅意，苏轼太需要这样的所在来释放自己的悲愤和压抑了，因为要做一个好官实在是一件太过劳心和劳力的事。

苏轼在杭州的职务是通判，主要职责是审问案件，偶尔也会有特殊的差遣。杭州的府衙在西湖南岸，有时候苏轼会将办公的地点设在西湖边上，边欣赏湖光山色边处理公务，但即便如此，苏轼却仍感度日如年，这是因为需要他惩治的囚犯均是因触犯新法而被捕的，这样一种分裂显然让他身心俱疲。

除了要推行新法的种种方案之外，江浙一带还要施行禁止贩卖私盐的盐法。因为官盐价格昂贵，贫苦之家竟有人三月不知咸味，很多人便铤而走险贩卖私盐，而当时因违反盐法被捕入狱的就多达一万七千余人，此外更有因无力偿还青苗款被捕的，这些囚犯所犯之法皆是苏轼自己也反对的，但他无权修改法典，只能依例判罚。

更为讽刺的是，苏轼在朝中时，给皇帝上书一一反对的变法之事，却在此时一一由他督办，先是督促官盐运河的开凿，后是督管堤堰工程。他看着百姓被迫放弃耕种自家的农田，而在寒风冷雨中辛苦劳作，泥泞满身犹如猪鸭。对时局的隐忧，对百姓愁苦的同情，他无处可以排遣内心的烦闷，只得借诗来抒发苦闷，他甚至觉得自己与被审问的阶下囚犯也无甚分别——“执笔对之泣，哀此系中囚。小人营糇粮，堕网不知羞。我亦恋薄禄，因循失归休。不须论贤愚，均是为食谋”。

而困扰当地百姓的不仅有来自新法的“人祸”，更有天灾。当时，杭州一带旱灾、蝗灾接连而至，继之而来的便是一场大饥荒，苏轼奔走在乡村民间，一面赈灾，一面还要处理因为灾祸还不起青苗款的百姓。他在目睹百姓愁苦之后，上启朝廷无门，下怜百姓无路，于是将对新法的仇视诉诸笔端，直陈自己对新法的种种不满。只是苏轼自己也没想到，他用来讥讽新党的诗文是一把太过锋利的双刃剑，既刺伤了别人，也反过来刺伤了自己。

山村五绝（其四）

苏轼

杖藜裹饭去匆匆，过眼青钱转手空。

赢得儿童语音好，一年强半在城中。

八月十五日看潮五绝（其四）

苏轼

吴儿生长狎涛渊，冒利轻生不自怜。

东海若知明主意，应教斥卤变桑田。

熙宁六年，沈括受命巡察两浙农田、水利、差役诸事，到杭州时与苏轼共叙旧情。当年苏轼在京师史馆时与沈括一同供职崇文院，两人来往比较密切，只是变法开始后，沈括因支持新法，受到王安石的重用，也与苏轼渐行渐远。沈括到杭州后，与苏轼共同谈论诗书，见到苏轼的新作诗文，沈括便要求抄录一份，苏轼欣然同意。只是没想到，博物洽闻的沈括在品行上也与新党群小别无二致，他回朝后，竟将抄录的诗文呈递给皇上，说苏轼诗文“皆讪怼”，全都是诽谤朝廷和新法的。苏轼知道此事后，将这些诗文寄给了刘恕[①]一份，并且戏称：“这下不用为升官忧虑了。”虽然被朋友诬告，皇帝并未怪罪，苏轼亦能以玩笑来应对，但这次诗文案并未就此过去，它正躲在一个暗角酝酿发酵，在不久的将来，使苏轼险些为此丧命。

熙宁七年九月，苏轼在杭州任期已满，依例应当升迁，因当时苏辙正在济州[②]任职，想与弟弟团聚的苏轼便向朝廷呈请到山东任职，朝廷允准，命他任密州知州。苏轼在辞别杭州的一众朋友之后，携眷北上，而此时的亲眷中又多了两个人，这两个人对苏轼来说格外重要，因为在此后最艰难的岁月中，也正是这两个人一直陪伴着他：一个是他的三子苏过，一个是他的侍妾朝云。

## 四、三州知州

苏轼离开朝廷中枢，外任地方官，自熙宁四年由京赴杭，至元丰二年（1079）改任湖州，总计九年，在这九年的地方官任职期间，苏轼从未发过豪言壮语，也并未用一种单一的理念处理政事，他总是根据实际情况因时因人因地制宜，视当地百姓的愁苦为第一政务，由此，他也得到了百姓真正的爱戴。

① 刘恕：北宋史学家。字道原，为人廉洁刚直，与司马光同修《资治通鉴》。

② 济州：今山东济宁。

## （一）赴任密州

熙宁七年十二月，苏轼到达密州任上。密州位于山东，比之于富庶繁华的江南，稍显冷寂苦寒，但更令苏轼寒心的是当地百姓在天灾和新法双重压迫之下的饥寒交迫，这让他在密州的生活度日如年。

苏轼到任二十余日便给朝廷上书陈说密州蝗灾的情状。当时多地发生蝗灾，百姓苦不堪言，而其他地方的官吏却为了讨好朝廷，瞒灾不报。苏轼直言，“京东独言蝗不为灾，将以谁欺乎”，所以他请求豁免秋季赋税，或暂缓缴纳青苗钱。但哪怕是这样，也不足以缓解当地百姓的窘困之境。密州及其周围都陷入了大饥荒之中，苏轼在诗中说自己在密州的工作是“磨刀入谷追穷寇，洒涕循城拾弃孩”，强悍者铤而走险沦为盗贼，而孱弱者只能含痛忍悲抛儿弃女。苏轼望着四野哀鸿，他一方面不得不硬起心肠全力剿灭盗贼，另一方面在自己的生活也捉襟见肘之时，还收养了几十个弃儿，又设法拨出数百石粮食，专门用来供给弃儿。而在当时，为官已十九年的苏轼竟不得不与属下一起在园圃中寻找杞菊以充饥。

但此时的朝廷却在继续强令推行新法，而刚刚下发的“手实法”着实令苏轼满腔怒火。“手实法”是让百姓自供丁口、资产实况，各户家产参照官府所定中价折算。各县据丁口、财产总数和役钱总额分摊各户应纳钱额。如有隐匿实情的可以告发，一旦坐实，告发者将会得到隐匿财产总额的三分之一作为奖赏。苏轼说：“告讦者，都是凶奸无良的人。这些人原是州县官吏共同仇视的，无不除之而后快，而后良民才得安宁。如今却厚赏奖掖这种行为，这难道就是敦化、行道的本意吗！”对这种有害无益的新法，苏轼坚决拒不执行。

对新推行的方田均税法和禁盐法，他也持反对的意见。虽然方田均税法的原意是为了避免田赋不均而重新划定赋税税额，但是此法不考虑实际情况，均是一刀切，又要求在几个月内完成，于是又间接造成了新的不公平，更招致了百姓的怨怒。

而原本京东、河北两路是不实行禁盐的，百姓可以私自煮盐、贩盐。到京东后，发现狱中没有盐囚，路上也没有因盐获罪的流犯，这让在杭州一直疲于应付盐囚的苏轼感到高兴，但此时，新党却主张此两路也要开始禁卖私盐。苏轼不禁叹息道："京东之人远比淮浙凶悍，一旦禁盐，盐囚又岂止是一万七千人（杭州因贩盐被关的囚犯人数）而已呢。"他上书请求免除京东和河北的禁盐法令，但是没有得到允准。

在密州之时，苏轼的生活清苦，目睹百姓的流离失所更让他心情极度沮丧，终日闷闷不乐。但也正是这段经历让苏轼开始重新思考人生，"行到水穷处，坐看云起时"，他开始以达观的心态面对苦恶人生，在"驱除螟蝗，逐捕盗贼，廪恤饥馑，日不遑给"的忙碌之后，稍得安闲，他便将密州西北处的一座废台重新修葺，与同僚一起登临高台以排遣苦闷，弟弟苏辙将此台命名为"超然台"，取意老子"虽有荣观，燕处超然"语。

也正是在这个时期，苏轼的诗词创作迎来了第一个高峰，如果说富庶江南的旖旎风光激发了他的浪漫潇洒、温文尔雅，那么贫寒北方的浩渺苍茫则点燃了他个性中的雄健劲拔、坚卓刚毅。此后，他的诗词中总有一份潇洒豪放和超然达观。密州的清苦和压抑就像一粒沙，蚌病而后成珠，苏轼的诗文犹如一粒粒宝珠，历经千载，依旧炫彩夺目。

## 江城子 · 密州出猎

苏轼

老夫聊发少年狂。左牵黄，右擎苍。锦帽貂裘，千骑卷平冈。为报倾城随太守，亲射虎，看孙郎。

酒酣胸胆尚开张。鬓微霜，又何妨。持节云中，何日遣冯唐？会挽雕弓如满月，西北望，射天狼。

人在快乐时，和声细语、优雅应对容易，难的是在怨怒中亦能如此；人在富贵时，慷慨解囊、仗义疏财容易，难的是在困厄中亦能如此；人在顺境中，超然达观、随遇而安容易，难的是在逆境中亦能如此。而苏轼就是在密州完成了他人生的第一次修炼，而此后，他的人生愈加坎坷，他也愈加从容不迫。

（二）改知徐州

熙宁九年（1076）十二月，苏轼在密州的任期已满，改知河中府[①]。熙宁十年正月，他携家眷由济南入京师，当时苏辙一家正在济南，但苏辙身在京师，在雪地里迎接苏轼一家的是苏辙的三个儿子。两家人阔别多年，久散重聚，自是不胜欢欣。在济南逗留一个多月后，苏轼一家继续赶路，与从京师赶回的苏辙相遇。兄弟二人又一起前往京师，到达陈桥驿时，苏轼才听到自己改知徐州的诰命，与此同时，还有一道不得入皇城的圣旨。这道圣旨很是奇怪，貌似新党私下擅传，但因无法求证，兄弟俩只好折返。苏辙又陪同苏轼前往徐州，四月二十一日，苏轼到达徐州任上。

---

① 河中府：今山西永济一带。

徐州地控鲁南苏北，是南北襟要，也是军事要冲，虽然比不得景色优美的杭州，但是它地处河畔，南有高山，城临深水，土地肥沃，盛产花岗岩和刀剑，经济比密州富庶得多。加之有弟弟的陪伴，苏轼初到徐州，日子过得格外平静。只是这平静之下却暗藏着巨大的波澜。中秋节刚过，苏辙就要赶赴南京[①]新任，而苏轼，除了满怀离别的悲情，还要面对很快就要到来的洪水。

熙宁十年（1077）七月十七日，黄河在澶州[②]曹村决口，淹毁良田村庄无数。八月二十一日，洪水抵达徐州城下。至九月二十一日，水深高达两丈八尺九寸，城墙随时都有倒塌的危险。苏轼先是调集了五千民夫加固城墙，就在此时，不明情况的城内富民却聚集在城门处，纷纷要求出城避难。苏轼清楚此时一旦打开城门，富民一出，人心必然慌乱，再想守城就更加困难了。于是他先稳定民心，将富民劝回，并表示自己一定不会走，只要他在，就不会让洪水围城。

之后，他又赶赴当地军营，面见禁军首领，请求军队的支援。当时的禁军由皇家统率，地方官员无权调配，但是统领见到一身泥泞的苏轼十分动容，便慨然答道："太守大人犹不辞辛劳，我等小人自然应当效力。"于是军民共同奋战，筑起了一道长九百八十四丈、高一丈、宽两丈的防洪长堤，洪水被成功阻挡，城全民安。苏轼又命人凿开清冷口，将水引入黄河故道。十月五日，威胁了徐州城四十五天的洪水渐渐退去，百姓们欢天

---

① 南京：今河南商丘。

② 澶州：今河南濮阳。

喜地，载歌载舞。

只不过，他们的太守在此时还不能沉浸于欢乐之中，为了防止明年洪水的来袭，苏轼决定为徐州筑造一道石堤，永葆徐州远离水患。他将工程计划和所费钱银修表上奏朝廷，请求拨款二万九千五百余贯，民夫一万零五百余人，粮食七千八百余石。但空等许多时日，朝廷迟迟没有回音。

第二年，也就是元丰元年（1078）正月，神宗皇帝下诏奖谕苏轼防洪之功，却仍旧对所请建造石堤之事绝口不提。苏轼猜想许是因为石堤所费不赀才不批复，于是改用木头代替石头，降低费用后再次上表，并请求在京师的好友从中斡旋，之后，朝廷才准其所请。木堤建成之后，苏轼又在外围城墙的东门修筑了一座楼，楼高百尺，名为“黄楼”。在古代的五行思想中，黄代表土，而土克水，此楼以黄土刷墙，故有此名。

### 五　行

五行的概念形成于夏商，是对构成世界的五种基本物质——木、火、土、金、水的概括。至春秋战国，逐渐形成了五行相生相克的说法，即木生火，火生土，土生金，金生水，水生木；木克土，土克水，水克火，火克金，金克木。五行说的基本内容包括三个方面：一是以木、火、土、金、水为核心的五大分类体系；二是五行的相生相克；三是五行以“土”为贵的思想。每一行也都有各自的颜色——黄代表土，红代表火，青代表木，黑代表水，白代表金。

此后，苏轼常在黄楼与宾客宴饮，这一年的重阳节，苏轼登上黄楼，徐州百姓也会聚楼下，苏轼感慨去年今日还是“水穿城下作雷鸣，泥满城头飞雨滑”，此时此刻“岂知还复有今年，把盏对花容一呷”。人在安宁中难知其乐，只有愁苦之后的安宁才倍显珍贵。

然而，苦心营造的防水之堤并没有派上大用场，因为第二年徐州发生大旱，“烟尘蓬勃，草木焦枯”，他又动身去徐州城东的石潭求雨。

而比春雨更加宝贵的是一方父母官的为民之心，一直以民忧为己忧：处理政务之余，苏轼会亲自到牢狱探视，并指定医者为患病的囚犯诊治；他还组织百姓挖掘煤炭以解百姓用柴昂贵的难题；在面对荒谬的法律条令时，他也能便宜处理，以便更公正合理。他热爱百姓，百姓也以更浓烈的感情去回报他，每次他到民间探访，男女老少无不奔走相告，“旋抹红妆看使君，三三五五棘篱门。相排踏破蒨罗裙”，人们也真正爱戴着这位太守。

最可宝贵的是，在案牍劳形之外，苏轼依然能够生活得自由自在。他不仅能与布衣芒屩、贩夫走卒为友，同时亦不忘与文人墨客、鸿儒雅士谈笑。他的诗文冠绝一时，书法、绘画技艺也越来越纯熟，加之他性格爽朗，往往能妙语连珠，言人所不能言，所以深受士林爱重。不管是徐州的士人还是远在他乡的文人都愿意与他交往，均以出入苏门为荣。

日后成为“江西诗派”鼻祖的黄庭坚，尽管当时已有高名，仍写了两首诗给苏轼，以十分谦逊的语气毛遂自荐，以求成为苏门弟子，他以深谷里的小草自况，将苏轼比作高崖上的青松。而潇洒风流的秦观更是发出了“人生异趣各有求，系风捕影只怀忧。我独不愿万户侯，惟愿一识苏徐州”的慨叹。

在徐州期间，虽然前有洪水围困，后有旱灾搅扰，但是通过这些事的历练，苏轼为官更加完满练达，也以政绩向当朝者证明了自己的政治才能。元丰二年三月，苏轼罢任徐州，改任湖州。当时徐州的百姓送离这位太守时，无不痛哭流涕，一路追送。

然而百姓的爱戴、为官一方的政声，也给苏轼带来了一种潜伏的危机，这便是新党对他的“关注”。虽说苏轼于公于私均无可指摘，只不过“欲加之罪，何患无辞”，一张想要抓捕苏轼的网已经慢慢张开。

（三）调职湖州

四月下旬，苏轼携家眷抵达湖州。湖州位于浙江省北部，南接杭州，因濒太湖而得名，自古以来湖州都是民康物阜、人杰地灵。苏轼在任杭州通判时就曾到湖州考察堤岸工程，对湖州十分向往，“余杭自是山水窟，仄闻吴兴更清绝”。此次朝廷的委任自是让他得偿所愿，所以他时常游览湖州山水和古迹。到任之后的苏轼还依例给朝廷上了谢表，只是还沉浸在湖州优美风景中的苏轼并不知道这封谢表在不久之后即成为一颗惊雷，炸碎了他原本太平的日子。

## 湖州谢上表（节选）

**苏轼**

伏念臣性资顽鄙，名迹堙微。议论阔疏，文学浅陋。凡人必有一得，而臣独无寸长。荷先帝之误恩，擢置三馆；蒙陛下之过听，付以两州。非不欲痛自激昂，少酬恩造。而才分所局，有过无功；法令具存，虽勤何补。罪固多矣，臣犹知之。夫何越次之名邦，更许借资而显授。顾惟无状，岂不知恩。此盖伏遇皇帝陛下，天覆群生，海涵万族。用人不求其备，嘉善而矜不能。知其愚不适时，难以追陪新进；察其老不生事，或能牧养小民。而臣顷在钱塘，乐其风土。鱼鸟之性，既自得于江湖；吴越之人，亦安臣之教令。敢不奉法勤职，息讼平刑。上以广朝廷之仁，下以慰父老之望。

就在苏轼离开朝廷权力中枢的这几年，朝中局势发生了很大的变动，虽然旧党都已被清肃尽净了，但朝堂之上却并不太平，因为“利合必离”，得势之后的新党之中开始出现纷争和分裂，起因是王安石被罢免宰相一职。

新法实行以来，“民不加赋而国用饶”的目标只完成了“国用饶”，但民赋却日益加重。正如司马光所预料的，“天地所生，财货百物，不在民则在官”，各地百姓被各种新法屡次盘剥，再加上久旱无雨的天灾，致使“天下之民质妻鬻子、斩桑坏舍、流离逃散”。当时的一个小吏郑侠将此惨状绘制成流民图呈献给神宗，并上书议论新法过失，力谏罢相王安石。慈圣和宣仁两位太后也向神宗哭诉，称“安石乱天下”。为平众议，神宗罢免了王安石的宰相职务，改任观文殿大学士、知江宁[1]府。

罢相后，王安石奏请神宗让韩绛代替自己任宰相之职，吕惠卿任参知政事。但吕惠卿掌握人权后，担心王安石回朝，借办理郑侠案件的机会陷害王安石的弟弟王安国，又试图倾覆王安石。韩绛觉察到吕惠卿的用意，秘密奏请召回王安石。

熙宁八年，王安石二度出任宰相。当时活跃在新党中间的还有邓绾，邓绾是一个朝秦暮楚、两面三刀的人，在王安石被罢相之后，他迅速投靠吕惠卿，而王安石东山再起之后，邓绾又再次投靠王安石，并和王安石之子王雱一起意欲扳倒吕惠卿，控告吕惠卿敲诈勒索之罪。吕惠卿被贬后

① 江宁：今江苏南京。

奋力反击，给皇帝上书呈递王安石曾给他的一些私信，私信中有“无使上知”的话，这使得王安石彻底失去了神宗皇帝对他的信任。

熙宁九年，王安石再度罢相，吕惠卿亦失势。当时，在朝为官的要么是庸碌之辈，要么是诡诈之徒，当时的宰相是著名的“三旨宰相”（请圣旨、接圣旨、传圣旨）王珪，王珪为官庸碌却嫉贤妒能，为了巩固自己的地位，防止才华出众的人出头，他纠合了一群无事生非的小人专门打击异己。

离开朝廷的苏轼士林声望日高、地方政绩斐然，神宗皇帝对他的文章一直激赏有加，这一切都使得患得患失的在朝党寝食难安。当苏轼的这封《湖州谢上表》以邸报[1]的形式被传阅的时候，其中“知其愚不适时，难以追陪新进；察其老不生事，或能牧养小民”一句，又不知道刺痛了多少人，因为在新旧党争期间，“新进”通常用以指称那些吹捧新法而突然得到升迁的无能之辈。于是，一场群起而攻之的贬损、诬陷和围剿开始了。

此后多年，苏轼一直徘徊在政治的低谷，但同时，他却登上了文学的巅峰。这种相反相成，有时候，竟不知是该叹惋还是该庆幸。但好在面对命运的种种安排，苏轼一直未改他达观的本色。

---

① 邸报：亦称“邸抄”，即朝廷官报。

# 第三节 官海沉浮

就在苏轼安心于地方政务、一心造福于地方百姓之时，朝堂上却正在进行着一次针对他的文字围剿。此后，苏轼的人生被彻底改写，他被贬谪至偏远的黄州，进退维谷的他褪长衫着布衣芒履，躬耕东坡。在苦难的岁月里，苏轼的思想却开出了繁花，他不仅跨入了新的人生境界，也留下了震撼古今的绝唱——赤壁三咏。

## 一、乌台诗案

“乌台诗案”，是一件由诗文引发的案件。乌台，即御史台。《汉书·朱博传》载：“是时御史府吏舍百余区井水皆竭；又其府中列柏树，常有野乌数千栖宿其上，晨去暮来，号曰‘朝夕乌’。”后称御史府（即御史台）为“乌府”或“乌台”。乌台诗案，是北宋乃至中国历史上一场有名的“文字狱”，这不仅仅因为苏轼有高名，也因为卷入此案的名臣太多，更因本就党争严重的北宋时局至此之后陷入了更加不可挽回的境地。

（一）起因

苏轼为人为官的品行均无可指摘，新党要想攻击苏轼，也只有“文字狱”这一条途径，不过对新党来说，这也是一条“光明大道”，因为苏轼传世的诗文实在是太多了。早在熙宁六年，沈括就曾抄录苏轼的诗文呈递给神宗皇帝，试图扳倒苏轼。但当时的事态并没有朝着新党希望的方向发展。

到了元丰年间，新政已经实行多年，却仍旧遇到重重阻隔，神宗皇帝也步入而立之年。他力主推行的新政未能达到预期的目标，孤注一掷的他也只能在这条路上越走越远，其后果便是惩办一切反对新法之人以推行他坚信的新法。

朝廷之上的群小自然早已敏锐地觉察出了皇帝的改变，被皇权浸染了十二年的神宗皇帝，如今乾纲独断、唯我独尊，此时只要进言神宗苏轼对新法的反对、对朝廷的反对、对皇帝的不敬，扳倒苏轼似乎也指日可待。于是，一场经过精心谋划的陷害在朝堂之上徐徐展开。

元丰二年，御史中丞李定，监察御史里行舒亶、何正臣，国子博士李宜之分别上表，说苏轼谤讪朝廷。

李定在上奏的札子中说苏轼讪上骂下，有“可废之罪四”：一是苏轼有毁誉之言论，且不知悔改；二是苏轼教而不从，傲悖之语日甚；三是苏轼所为文辞鼓动流俗，为官侮慢，其心顽愎，“言伪而辨”，“行伪而坚”；四是诋毁圣上，颠倒黑白。希望神宗皇帝能“非特沮乖慝之气，抑亦奋忠良之心”。

舒亶在札子中说，苏轼所上的《湖州谢上表》中多有讥讽时事之言，且广为流布。他还说对新法所持异论者，最严重的不过是文乱事实，以期动摇破坏新法，其次不过腹诽背毁，庆幸新法无功可成。然而至于包藏祸心，怨望其上，讪讟谩骂，不顾及人臣之节的，怕就只有苏轼了。为了论证自己所言，舒亶还列举了诸多苏轼的诗句：陛下散钱于民，苏轼却说“赢得儿童语音好，一年强半在城中”；陛下明法以考察郡吏，苏轼却说“读书万卷不读律，致君尧舜知无术”；陛下兴修水利，苏轼却说“东海若知明主意，应教斥卤变桑田”；陛下禁私盐，苏轼却说“岂是闻韶解忘味，迩来三月食无盐”。

何正臣则摘引了《湖州谢上表》中的语句，说苏轼愚弄朝廷，妄自尊大。如有水旱之灾、盗贼之变，苏轼也将其归咎于新法。

李宜之则在给皇帝的状子中抄录了苏轼所作的《灵壁张氏园亭记》中“古之君子，不必仕，不必不仕。必仕则忘其身，必不仕则忘其君”的语句。说“不必仕”是苏轼教天下人无进仕之心，以乱取士之法；说“必不仕则忘其君”是教天下人无尊君之义，亏大忠之节，废君臣之道。

面对四份弹劾奏章言之凿凿的举证，面对情与理都对苏轼不利的情况，神宗皇帝只得下诏，将苏轼谤讪朝政一案交由御史台彻查。

（二）逮捕

奉命拘捕传拿苏轼的是太常博士皇甫遵（一作“皇甫僎”），他携拘捕文书和一子及两名兵丁起身奔赴湖州，此时的苏轼还毫不知情，但好在报信的信使已经在路上了。苏轼的朋友王诜是神宗妹妹魏国大长公主的驸马，当他得知朝廷要拘捕苏轼的消息，立即通过王巩派人告知身在南京的苏辙，苏辙又托请王适兄弟日夜兼程奔赴湖州递送消息，不负重托的王适兄弟最终赶在皇甫遵一行人到达之前，将朝廷拘捕的消息告诉了苏轼。

七月二十八日，到达湖州的皇甫遵直奔公堂，只见皇甫遵目露凶光、闭口不言，身着官袍、手持笏板，又有兵丁护卫，当时的苏轼并不知所犯罪行大小，只得说："轼知屡次触犯朝廷，今日必是赐死，死自不敢辞，但请与家人诀别。"皇甫遵张口道："不至如此。"这才拿出拘捕文书。虽然并非赐死的诏令，但皇甫遵命苏轼即刻上路，不得耽搁，长子苏迈获准随行。苏轼和妻子王闰之诀别后，又留了一封书信给苏辙以处置后事，而后被皇甫遵押送回京都，虽然当时并未定罪，但押解之时已无情面可讲，"拉一太守，如驱犬鸡"，可以想见苏轼此时的心境。除了自身未卜的生死，亦要忧惧自己对亲朋的牵连，在过扬子江的时候，苏轼甚至想要投江自尽，但御史台兵卒看管甚严，未能如愿。

二十天后的八月十八日，苏轼被投入御史台的牢狱之中。下狱伊始，未及审讯，御史台便问苏轼五代之上可有丹书铁券。五代的丹书铁券才能豁免死罪，三代之上的丹书铁券可免他罪，起于寒微的苏氏家族自然没有此物。但这也透露了一个信息，即苏轼将要面临的可能是死罪。落到李定等人的地盘，苏轼的境遇可想而知。昔日有着交情的官员也唯恐避之不及，更莫说普通狱卒了。于是，苏轼再次抱定求死的决心，打算绝食而亡。好在神宗皇帝派人到狱中加以约束诫饬，狱卒才有所收敛。苏轼察觉皇帝可能无意处死自己，遂放弃了轻生的念头。

（三）审讯

八月二十日，对苏轼的提审正式开始。苏轼原以为这次来势汹汹的诗文冤案仅仅是为了陷害自己并将自己置于死地，但随着审讯的逐渐展开，他发现远没有这么简单。新党的目的是借他的案件，彻底颠覆旧党以及那些反对新法的异己力量。

除了要对自己有“大不恭”的诗文逐一进行阐释外，御史台还要求苏轼交代与朋友的信件往来。在审讯的当日，苏轼仅承认《山村五绝》有讥讽时政的倾向，其余诗文并没有干涉时事。二十二日，他否认与朋友有往复诗文。二十四日和二十七日的说法依旧，但是到了三十日，苏轼承认了他的诗文中有讽喻新法之作，而且也供出了与他有诗赋往还的人，还承认他将自己的讽刺诗寄给张方平、王诜、黄庭坚、司马光、范镇、曾巩等二十四位师友传看。为何会出现这种反转？一说是与苏轼往来的大臣也被传唤，并查抄出了诗文，苏轼见证据确凿才不得不承认；也有一说是认为苏轼被屈打成招，因为当时被关在苏轼附近的一位朝臣苏颂，写下了“遥怜北户吴兴守，诟辱通宵不忍闻”的诗句，可以管窥苏轼在御史台监狱中所受的磨难。

随后，举荐苏轼的张方平等人被审问核查，所牵涉的人达到二十九人之多。在十一月二十日，也就是审讯后的三个月，御史台呈递了苏轼的全部供状，供状中先是叙及苏轼的主要仕历及举荐之人，后面即说“登科后来入馆，多年未甚进擢，兼朝廷用人多是少年，所见与轼不同，以此撰作诗赋文字讥讽，意图众人传看，以轼所言为当”。供状的主要内容也是苏轼自己所作的诗文及与朋友们的往来诗文，所涉及的人有：张方平、王诜、李清臣、黄庭坚、司马光、范镇、孙觉、李常、曾巩、周邠、苏辙、王巩、刘挚、陈襄、钱藻、颜复、盛侨、王汾、钱世雄、吴琯、王安上、杜子芳、戚秉道、陈珪等。这些人多是与朝廷的新法时事不合且得不到朝廷进用之人。最后苏轼认罪说："轼有此罪愆，甘伏朝典[1]。"

面对这样的审讯结果，那些"新进"之辈自是得意非凡。一日，在崇政殿外，李定突然说："苏轼真是奇才啊。"虽是语惊四座，但其他人均默然不语，李定接着说："纵使是二三十年所作的文字诗句，所引证的经传，无一错舛，苏轼真是天下奇才。"李定对苏轼的"夸赞"，固然不是因他爱怜苏轼的才华，而是扳倒苏轼后自鸣得意之情的流露。只不过，令李定等人怎么也没想到的是，他们抱定的端掉旧党及异己的完美计划虽然按部就班地进行着，但最终的结果却十分出人意料，非但旧党等人没有被连根拔起，就连苏轼本人的头，他们也没有拿到。

（四）结案

十一月二十八日，李定等人奏乞在御史台拘押监禁苏轼，听候断遣，神宗准奏。

虽然御史台等一干新党的宵小对苏轼接连发起了致命的围攻，苏轼的朋友们也都被卷入其中，难以自保，但他们仍旧不惜以身涉险对苏轼进行着营救。营救队伍之中，不仅有他的至交和弟弟苏辙，也有他昔日的师友上司，以及很欣赏其才华的太皇太后曹氏。

在苏轼入狱之初，张方平、范镇、苏辙就上书给神宗为其求情。张方平当时致仕身在南京，听闻苏轼被捕的消息，他愤然上书给神宗皇帝，不过由于当时南京的官员畏惧，上书并未到达神宗之手。苏辙也连忙写

---

① 朝典：朝廷的法律。

下《为兄轼下狱上书》一文呈递给神宗，说苏轼不过是秉性愚直，自己欲学汉代缇萦救父的典故，愿免一身官职，为兄赎罪，其言辞切切，感人肺腑。

## 为兄轼下狱上书（节选）

**苏辙**

臣闻困急而呼天，疾痛而呼父母者，人之至情也。臣虽草芥之微，而有危迫之恳，惟天地父母哀而怜之。

臣早失怙恃，惟兄轼一人相须为命。今者窃闻其得罪，逮捕赴狱，举家惊号，忧在不测。臣窃思念轼居家在官，无大过恶。惟是赋性愚直，好谈古今得失。前后上章论事，其言不一。陛下圣德广大，不加谴责。轼狂狷寡虑，窃恃天地包含之恩，不自抑畏。顷年通判杭州及知密州日，每遇物托兴，作为歌诗，语或轻发。向者曾经臣寮缴进，陛下置而不问。轼感荷恩贷，自此深自悔咎，不敢复有所为，但其旧诗已自传播。臣诚哀轼愚于自信，不知文字轻易，迹涉不逊。虽改过自新，而已陷于刑辟，不可救止。……臣窃哀其志，不胜手足之情，故为冒死一言。

昔汉淳于公得罪，其女子缇萦请没为官婢，以赎其父，汉文因之遂罢肉刑。今臣蝼蚁之诚，虽万万不及缇萦，而陛下聪明仁圣，过于汉文远甚。臣欲乞纳在身官以赎兄轼，非敢望末减其罪，但得免下狱死为幸。兄轼所犯，若显有文字，必不敢拒抗不承，以重得罪。若蒙陛下哀怜，赦其万死，使得出于牢狱，则死而复生，宜何以报？臣愿与兄轼洗心改过，粉骨报效，惟陛下所使，死而后已。

臣不胜孤危迫切，无所告诉，归诚陛下。惟宽其狂妄，特许所乞。

而为苏轼进言的人中，分量最重的当属曹氏。曹氏是仁宗的皇后，神宗皇帝的祖母。一日，曹氏问神宗，“皇帝因何事数日闷闷不乐？”神宗答道：“诸多新法的事还未就绪，有一个叫苏轼的却写诗加以诽谤。”曹氏说：“可是苏轼、苏辙两兄弟之一的那个苏轼？”神宗惊诧道：“您怎么会知道？”“我曾记得仁宗皇帝策试制举之人后，高兴地说‘朕今日为子孙得了两个宰相啊’，说的就是他们两兄弟。仁宗还说‘然而我已经老了，担心不能重用，好在可以留给子孙’。”曹氏回忆往事，潸然泪下，继而又问他们兄弟二人何在。神宗皇帝说苏轼被关在狱中。曹氏再次落泪，嘱托神宗应查明真相，勿使仇人中伤于苏轼。

王安石的弟弟王安礼也劝诫皇帝说：“苏轼下狱后，人人自危，均不敢正言于皇帝。古来大度的君主，从不以言语责备士人。一旦处置苏轼，恐后世说您不能容才。”当时刚刚升任宰相的吴充，虽然对变法的立场持中，但在苏轼一案中，也力主神宗释放苏轼。他问神宗：“魏武帝（曹操）是个怎样的人？”皇帝说：“何足道。”吴充直言：“陛下以尧舜为法，不以魏武帝为意，自然说得通，然而魏武帝如此猜忌，尚能容得下祢衡，陛下怎么容不下一个苏轼呢？”

而其实，神宗皇帝本人对待苏轼的态度也很微妙。苏轼曾写有《王复秀才所居双桧二首》，诗中有两句：“根到九泉无曲处，世间惟有蛰龙知。”宰臣王珪说苏轼有不臣之心，“陛下飞龙在天，而苏轼却求之于地下的蛰龙”。神宗说道：“诗人之论，怎么能这样比附呢？他在吟咏桧树，跟我有什么关系？”

此外，在《春渚纪闻》一书中还记载了一则关于神宗对待苏轼一案的逸事。一天，敲过暮鼓之后，苏轼准备就寝，此时来了一人，将一个小箱子扔在地上，倒头就睡。到了四更时分，有人摇动苏轼的身体，对他说“恭喜苏学士”。待苏轼问他缘由，那人只说：“安心就寝吧。”原来，那人是神宗皇帝密遣的一个小太监，来狱中探视苏轼的情况。听小太监说苏轼鼾声如雷，神宗便说：“朕知苏轼胸中无事。”据说这则逸事是苏轼亲口陈述的，不管是真是假，乌台诗案的最终结果是神宗皇帝释放了苏轼。

十二月二十六日，神宗降旨，责授苏轼为水部①员外郎、黄州团练副使、本州安置②、不得签书公事。王诜、苏辙和王巩三人被谪降官位，自张方平以下二十二人被罚铜三十斤、二十斤不等。在历时五个月之后，苏轼终于走出了御史台的牢狱。

作为历史上一次著名的“文字狱”，乌台诗案被后人屡次提及，原因多种多样，但最重要的无疑是对君臣关系的一次考量。推而论之，便是古代为人君者该以何种态度对待政见不同于自己的臣子，批评者是否就是阻碍者，以及如何界定“公正的批评”与“恶意的中伤”；为人臣者，又该以怎样的姿态面对皇帝，是一味地迎合上意并从中获得最大私利，还是敢于不计生命代价地直言得失，或是保全自己不合流亦不张口。历史上一代又一代的君臣都做出了各自的选择，选择的结果任由后人褒贬评说。

而乌台诗案这样的结果，对苏轼来说是幸是不幸，却难有定论。走出

---

① 水部：工部四司之一，掌水道舟楫桥梁等事。

② 安置：宋朝时，官吏被贬谪，最轻者称送某州居住，稍重者称安置，更重者称编管。

御史台牢狱的苏轼，随即作了一首诗，诗中说：“却对酒杯浑是梦，试拈诗笔已如神。此灾何必深追咎，窃禄从来岂有因。”诗文写毕，苏轼暗暗骂道：“我真是死不悔改啊。”然而，经历乌台诗案的生死一线，苏轼的人生，却势必将是另一番模样了。

## 二、躬耕东坡

元丰三年（1080）正月初一，苏轼在长子苏迈的陪同下离开京师，赶赴黄州。这一年，苏轼四十五岁。一个月后，苏轼到达黄州。由于贬官之身，所以并无俸禄，也无官邸，一向无积蓄习惯的苏轼很快就遇到了最基本的生存问题——居无定所、衣食堪忧。但很快，苏轼就找到了问题的解决方法。

### （一）东坡居士

初到黄州的苏轼和苏迈只能寄居在一处名为定惠院的寺庙中，随僧蔬食。后来他们又迁居临皋馆，馆旁有临皋亭，亭下数十步便是大江，苏轼经常倚杖听涛声汹涌，写出了“江山风月，本无常主，闲者便是主人”的千古名句。但苏轼的戴罪之身也令周围人甚至一些亲友退避三舍，苏轼刚到黄州便杜门不出，这对惯于文人雅集、把酒言欢的苏轼来说，谪居的日子到底还是稍显寂寞和漫长。

#### 卜算子·黄州定惠院寓居作

苏轼

缺月挂疏桐，漏断人初静。时见幽人独往来，缥缈孤鸿影。

惊起却回头，有恨无人省。拣尽寒枝不肯栖，寂寞沙洲冷。

好在当时的黄州太守与苏轼相见甚欢，二人倾盖如故。安定下来的苏轼也陆续收到了老友们的慰问书简，与相知的故友逐渐有了更多的诗文往来。到了五月底，在弟弟苏辙的护送下，妻子王闰之和一家老小也赶来与他相聚了。此时的寂寞虽得以驱遣，然而一个更为现实的问题却摆在了苏轼的面前，那就是手里的积蓄很快就要用完了。正如他自己所说，“俸入所得，随手辄尽”，加之“平生未尝作活计”，如何养活一家老小，成为了摆在苏轼面前最大的难题。

但也并不是毫无办法，苏轼仿照老友贾耘老的省钱方法，限定自己一家每天所用的钱银不得超过一百五十钱，每月初一取四千五百钱，分成三十份，悬于屋梁之上，每天取用一份，如果用不完，则用竹筒装起来，作为招待宾客之用。算下来，家里的积蓄还可用一年。此为节流，而如何开源，苏轼想到的方法是自己耕种土地。

元丰四年（1081），在老友马正卿的帮助下，苏轼得到了一块废弃的营地。这块地位于黄州城东的一个山坡上，有数十亩，虽然面积不小，但这是一块久弃不用的荒地，上面是瓦砾之场，即便如此，苏轼得偿当初退隐扶犁的心愿，还是非常高兴。他褪去长衫，换上农夫打扮，幅巾布衣芒履，与田夫野老行走于溪谷之间。垦荒自然辛苦，但是苏轼仍旧能自得其乐，在生活已经触底的时候，在温饱都不能得到保障的时候，种稻麦之余，仍不忘在东坡上种下自己最爱的竹子。而最能体现苏轼乐天派精神的，就是他不以为苦，还将这块地命名为“东坡”，自己则以“东坡居士”为号。至后世，这个名号闻名中外、响彻云霄，人们对“苏东坡”这一名号的熟知程度甚至超过了他的本名。

解决了吃饭问题，苏轼又决定自己盖一处屋子。元丰五年（1082）正月，苏轼将东坡之上的一个废圃修筑成了草屋，盖房子之时，天降大雪，于是他将雪景绘于四壁，将草屋命名为“雪堂”。到了春天，苏轼又在堂前自栽花柳，种蔬接果，堂下则种满了桃、桑、栗、枣、橘、松和梅等各种树木，这样一年四时皆有景，而吃食亦能自给自足。

如果说自任地方官起，苏轼以百姓愁苦为政治要务，那么在黄州，褪去了官袍的苏轼与百姓之间更是多了一种惺惺相惜的情愫。躬耕时，他向经验丰富的农民请教；造屋时，邻居们都赶来帮忙，“四邻相率助举杵，人人知我囊无钱”。此时的他，就像陶渊明一样，隐于山水田园之中，享受着由“仕”入“耕”带来的自由和宁静。

在田间，他把陶渊明的《归去来兮辞》编成歌曲，和农夫一起唱。而当他去郊外游玩时，还会让童仆去刘家求一种叫“为甚酥”的酥饼，要用它来佐食潘家给他的“错着水”的米酒。原来，苏轼在刘家吃到了一种很酥的饼，得知这种饼没有名字，苏轼说：“那就取名‘为甚酥’吧。”在潘家喝到了一种很酸的酒，苏轼说：“是不是做醋的时候错放水了啊，这酒就叫‘错着水’吧。”

他的朋友之中，有以卖酒为生的潘丙，有药店掌柜郭遘，还有农夫古耕道。苏轼的幽默旷达随和，吸引着地位悬殊、性格各异的人。在黄州的日子，他不仅不以生活的贫乏为苦，还十分自得。黄州的生活犹如粒粒沉沙，诗人用哲思和胸怀将其包裹成了饱满丰润、璀璨夺目的颗颗珍珠——作于赤壁的皇皇诗篇。此后近千年来，每个读书人依旧能从珍珠光华之中得到美的震撼与享受。

## （二）赤壁怀古

元丰五年，是苏轼谪居黄州的第三年，此时的苏轼，没有了声名之累，虽是罪臣之身，但他却自由自在。每天行走于田间，自种稻麦，面目黧黑，“虽劳苦却亦有味”。生活的变化也带来思想的转变，从苦难之中蜕变出来的对世事的澄明、感受生命的自在闲逸，以及对万事的从容和淡泊，这些不仅体现在苏轼的生活态度上，也渗透进他的诗文之中。至此之后，他的文风一改往日的辛辣与尖锐，而代之以宽和与诙谐。

黄州地处偏僻，生活亦贫瘠，但对诗人来说，精神的丰腴、想象的充沛、情怀的广博和思维的敏锐，足以使任何一处风景都成为名胜。当时，只要稍有闲暇，苏轼便约上三五好友，“扁舟草履，放浪山水间”。在黄州西北隅的长江之滨，有一座褐色石崖，状如鼻，崖石如壁，名为赤鼻山，又有赤壁之称，被当时的人误以为是三国时赤壁之战的古战场[①]。

这一年七月十六日，苏轼和好友泛舟赤壁之下，清风明月，白露横江，水光接天，众人举杯高歌，本是一片祥和，此时宾客中有人吹箫助兴，然而箫声呜咽，如泣如诉，众人忙问何故，吹箫之人发出了人生无常的感慨，他说：“江水恒远，生命须臾，即便曾领兵千军万马，舳舻千里、旌旗蔽空的一世之雄曹操，如今也消逝在时光里。”大家听后都不由得悲从中来，但苏轼没有沉浸在这种悲戚里，他说，从“变”的角度观察万物则无一时刻不在变化，而从“不变”的角度观察万物则万物与人皆归于永恒，江上清风、山间明月，入耳之声、入目之景，均是取之无禁、

① 三国时赤壁之战的发生地在今湖北赤壁市。

用之不竭的。苏轼的忘怀得失、超然物外的见解也宽解了一众好友，大家转悲为喜，开怀畅饮，不知东方既白。苏轼将这段游历记录下来，写出了“文境邈不可攀”的《赤壁赋》，而后又写下了名震千古的《念奴娇·赤壁怀古》。

## 赤壁赋（节选）

**苏轼**

苏子曰：“客亦知夫水与月乎？逝者如斯，而未尝往也。盈虚者如彼，而卒莫消长也。盖将自其变者而观之，则天地曾不能以一瞬。自其不变者而观之，则物与我皆无尽也，而又何羡乎？且夫天地之间，物各有主。苟非吾之所有，虽一毫而莫取。惟江上之清风，与山间之明月，耳得之而为声，目遇之而成色。取之无禁，用之不竭。是造物者之无尽藏也，而吾与子之所共适。”

三个月后的十月十五日，依旧是月明之夜，苏轼和两个朋友自雪堂回临皋亭，此时已是霜露既降，枯叶尽落，明月在天，人影在地，在觅得鱼和酒之后，三人再次泛舟，夜游赤壁。山高月小，水落石出，苏轼独自撩起衣襟攀缘而上，爬到最高处后，大声长啸，草木震动，山鸣谷应，他快乐得如同一个孩童。但是过了不久，却悄然而悲，肃然而恐，忽觉此地不可久留，于是登舟而返，适见一只仙鹤横江东来。回到家中，苏轼做了一个梦，那只白羽黑尾的仙鹤幻化为一个羽衣翩跹的道士，问他赤壁之游是否快乐，而后道士绝尘而去，空留一地寂寥。这便是与《赤壁赋》相映生辉、相得益彰的《后赤壁赋》中所记述的故事。苏轼一直有很深的道教情结，自贬谪黄州，他也一直以道家的情怀来纾解郁郁不得志的苦闷。

就在苏轼似乎已经欣然接受并开始享受这种躬耕生活而又能自得其乐的时候，一道搅动宁静生活的诏令又来了。

## 三、起复之路

被贬黄州之后，神宗怜惜苏轼才华，一直有起复之意，最初想任他为国史[①]，但是被宰相王珪劝阻，后来神宗又有任苏轼为著作郎[②]的打算，还曾有意任用他为中书舍人、翰林学士，但最后都不了了之。而苏轼仕途真正出现转机似乎是在一次以讹传讹中。

### （一）改移汝州

元丰六年（1083）春，苏轼患上眼疾（红眼病一类的结膜炎），闭门谢客达月余。四月十一日，曾巩离世，于是便有讹传说苏轼与曾巩同登仙界。听闻此消息的范镇举袂痛哭，当时他身在许昌，便派儿子前去吊唁，又嘱咐带好金银钱帛以周济苏家上下。范镇的儿子说，最好还是先写封书信证实消息的真伪，再去吊唁不迟。收到范镇的书信，苏轼大笑不已。在宫中的神宗皇帝也听到了讹传，当时正准备用膳，听闻这个消息，连连叹息，再三说“人才难得，人才难得”，说罢，面有悲戚之色，起身离开，不再用膳。

### 疾病·子瞻患赤眼

苏轼

余患赤目，或言不可食脍。余欲听之，而口不可，曰：“我与子

---

① 国史：国家的史官。

② 著作郎：官名。宋代以著作郎汇编“日历”（每日时事）。

为口，彼与子为眼，彼何厚，我何薄？以彼患而废我食，不可。”子瞻不能决。口谓眼曰：“他日我痁，汝视物吾不禁也。”管仲有言：“畏威如疾，民之上也；从怀如流，民之下也。”又曰：“燕安鸩毒，不可怀也。”《礼》曰：“君子庄敬日强，安肆日偷。”此语乃当书诸绅，故余以“畏威如疾”为私记云。

神宗皇帝对苏轼的起复之意，一直遭到新党的极力反对，尤其是时任宰相王珪，他为官无能，却惯于拾人牙慧，经常拿苏轼的“反动”诗文说事以反对神宗召回苏轼的打算。不过神宗到底爱才，他与近臣议论人才时曾问：“苏轼可以和哪位古人相较？”大臣回答说：“唐代李白文才与苏轼相同。”神宗说：“也不全是，李白有苏轼之才，但是无苏轼之学。”元丰六年九月，神宗原本有旨命苏轼以本官知江州，但又被王珪所阻，诰命不下。

直到第二年正月二十五日，神宗亲书手札，“苏轼黜居思咎，阅岁滋深，人材实难，不忍中弃”，命苏轼转任汝州[1]，才使苏轼的贬谪有了转机。虽然官位不变，但是汝州较黄州离京城近些，也更富庶繁华，这一调任也基本表明了神宗的态度。但是面对这一看似有起复之意突如其来的调令，苏轼却高兴不起来，因为自己和家人已然在黄州安定了下来，孩子们都学会了当地的方言，自己和乡村父老也都相处融洽，耕种的东坡也渐成规模，所以苏轼想上书皇帝请求让自己继续留在黄州，但是考虑到在乌台诗案中，自己“罪大责轻，君恩至厚，不可不奔赴”，只得携家眷二十余

---

① 汝州：今河南汝州市。

口做好离开黄州的准备。

（二）淹留江宁

元丰七年（1084）三月，苏轼移汝州的诰命下。四月，苏轼启程离开黄州。六月底，苏轼到达江宁，此间发生了两件大事，让苏轼在江宁停留了一个半月之久：一是他与王安石的会面，一是他的小儿子苏遁的离世。

自熙宁年间，王安石被罢相后便一直闲居江宁。苏轼到达江宁后，前去拜访王安石。昔日势同水火而无法共处于朝堂的一对政敌，兜兜转转十余年后，当摒弃彼此的成见，搁置了各自的政见，转而论文赋诗、诵诗说佛时，却发现二人也有十分投契之处，甚至有惺惺相惜之感。

苏轼在黄州时所作诗文中有“冻合玉楼寒起粟，光摇银海眩生花”，当时很多人都不知道这两句诗是何含义。在二人交谈期间，又提及此诗，王安石说，道家以双肩为“玉楼”，以双目为“银海”，一语道破诗文中的“机关”。此后，苏轼提及此事时对人感叹道：“那些学荆公[①]的人哪里有荆公的博学呢。”

而王安石对苏轼的学问其实也十分赏识。一次，二人谈及《三国志》时，王安石说：“裴松之[②]为《三国志》所注的文字详备、广博，出于陈寿之上，但裴松之只注了《三国志》而没有另撰他书，所以很多内容都在注里。我原打算重修此书，不过，如今老了，力不从心。此事非子瞻，他人

① 元丰年间，王安石被封“荆国公”，世称荆公。

② 裴松之：南朝宋史学家。字世期，河东闻喜人。元嘉年间，奉诏注晋陈寿《三国志》，兼采众书，补注阙遗，注释文字比陈寿原书多出数倍，虽名为注，实为补遗性质。

下不得手啊。”苏轼认为，史家要花数十年才能成就一件事，自己力有不逮，于是推举了精通史学的刘恕来完成此事，但最后也不了了之。

在苏轼与王安石会面期间，二人推心置腹，虽然都在极力避免引起过往的心结和尴尬，然而作为忧国忧民的两位政治家，也还是不免提及当时的朝政。在苏轼眼中，王安石虽“处江湖之远”，但是在神宗面前，他的话还是有分量的。于是他问王安石：“挑起战端、严于刑律，都是汉唐灭亡的征兆。祖宗以仁厚治天下，正是要改变这些。如今连年对西夏用兵，又在东南繁华富庶之地屡兴大狱，荆公为何一言不发呢？”王安石答道：“这两件事都是吕惠卿挑起的，我被外任，怎么敢说呢？”苏轼说：“在朝进言，在外则不言，确实是事君的常礼。然而皇帝待荆公一直是以非常之礼，荆公对待皇帝又怎么能用常礼呢。”听了苏轼的话，王安石觉得在理，便厉声道：“我王安石一定进言。”不过，想起当年吕惠卿向皇帝告发自己“无使上知”的往事，王安石很快又冷静下来，他嘱咐苏轼道：“（这些话）出在安石口，入在子瞻耳。”意思是让苏轼不要对外人提起。昔日雷厉风行的当朝宰辅，经历了尔虞我诈、宦海浮沉，早已没有了往日的棱角和风骨，他苦笑着说道：“人要是知道行一件不义的事、杀一个无辜的人，即便是得天下也不会去做，这才算可取之人。”苏轼玩笑着回答说：“如今的君子，为了减少半年的磨勘期，即便是杀人也能做得出来啊。”

苏轼和王安石在自己最春风得意的时候遇见彼此，却没能够相互成全，不能不说是他们各自的遗憾，苏轼就曾发出了“从公已觉十年迟”的喟叹。然而历史就是这样，一面给人选择，一面又令人无从选择。假使可以重来，其实，他们也只能按照各自的轨道，再走一遭。

不过有的事，假如可以回到原点做出改变，那么苏轼一定会奋不顾身，比如去挽救殇于江宁的幼子苏遁。元丰六年九月二十七日，侍妾朝云在黄州产下一子苏遁，苏遁小名干儿，个子比一般的婴儿要高，看着十分聪明，眉眼也和苏轼十分相像。干儿出生的这一年，苏轼四十八岁，算得上老来得子，自然十分高兴，“吾老常鲜欢，赖此一笑喜”。在干儿的洗儿礼上，苏轼还写了一首《洗儿》诗。

### 洗　儿

**苏轼**

人皆养子望聪明，我被聪明误一生。

惟愿孩儿愚且鲁，无灾无难到公卿。

诗中苏轼表示不求干儿聪颖异常，只希望他一生无灾无难。但就是这样一个小小的心愿，也仍旧落了空，元丰七年七月二十八日，还不满周岁的干儿就因病夭亡了。

### 洗　儿

洗儿，又称洗三，是我国古代的一种育儿旧俗。

婴儿在出生后三天或满月之时，有替婴儿洗身的习俗，称洗儿。洗儿这一风俗起源于何时至今未有定论，但是在贞观年间已有洗儿的记载，到了开元时期其仪式基本定型，至宋代体类完备并蔚然成风，此后盛行不衰。

宋代孟元老在《东京梦华录·育子》中记载道：“至满月……大展洗儿会，亲宾盛集，煎香汤于盆中。下果子彩钱葱蒜等，用数文彩绕之，名曰围盆；以钗子搅水，谓之搅盆；观者各撒钱于水中，谓之添盆。盆中枣子直立者，妇人争取食之，以为生男之征。浴儿毕，落胎发，遍谢坐客。”

由此可见，洗儿的仪式大约包括三方面：一是洗浴，亲朋好友都要在场，盆中的果子、彩钱、葱蒜都有相应的寓意，表达了对婴儿的美好祝愿；二是赠赏，亲朋好友将“洗儿钱”撒入水中；三是宴乐，婴儿的父母用以答谢宾客。

幼子的离世，令苏轼备受打击，“归来怀抱空，老泪如泻水”，除了满眼的泪，苏轼开始备感人生的幻灭无常，择一地以终老的念头也愈发强烈了。当初一些好友都纷纷邀请他与自己为邻，佛印劝他安居京口[①]，范镇希望他去许州[②]，王安石愿他买田江宁，但是最后都因各种原因一一作罢。八月中旬，苏轼携家人离开江宁，一路北上。寻找一处安家之所，也成为苏轼一家沿途商量的大事。

（三）乞居常州

在权衡了各个地方之后，苏轼打算将常州[③]作为安家之地，于是，苏轼致书简给他的朋友——在湖州任知州的滕元发，告知他自己给皇帝上书请求让苏家上下到常州居住的打算，并请滕元发帮他留意宜兴[④]的田地。

---

① 京口：今江苏镇江京口区。

② 许州：今河南许昌。

③ 常州：今江苏常州。

④ 宜兴：今江苏宜兴。

九月，苏轼到达常州，到了宜兴之后，他在离城七十里的地方觅得了一个小田庄，田庄在深山里，但田地格外肥沃，一年收成可达百余石，足够一家人之用。然而当时“移汝州”的圣谕尚在，苏轼只得继续北行。十月十九日，苏轼到扬州，给皇帝上表，请求居住于常州，但是这封上表被扣留，没能到达神宗手中。十二月，苏轼和家人到达泗州①，苏轼再次陈上《乞常州居住表》，吸取上次未能投进的教训，此次他派人入京直接将上表投至登闻鼓院②。

## 乞常州居住表（节选）

苏轼

近者蒙恩量移汝州，伏读训词。有“人材实难，弗忍终弃”之语。岂独知免于缧绁，亦将有望于桑榆。但未死亡，终见天日。岂敢复以迟暮为叹，更生侥觊之心。但以禄廪久空，衣食不继。累重道远，不免舟行。自离黄州，风涛惊恐，举家重病，一子丧亡。今虽已至泗州，而赀用罄竭，去汝尚远，难于陆行。无屋可居，无田可食，二十余口，不知所归，饥寒之忧，近在朝夕。与其强颜忍耻，干求于众人；不若归命投诚，控告于君父。臣有薄田在常州宜兴县，粗给饘粥，欲望圣慈，许于常州居住。

许是这封悲不自胜的上表感动了神宗皇帝，苏轼的请求很快就被批

① 泗州：今江苏盱眙东北。

② 登闻鼓院：古代帝王为了表示听取臣下谏议或冤情，悬鼓于朝堂外，许击鼓上闻，谓之登闻鼓。宋真宗景德年间始置登闻鼓院，掌收臣民章奏。

准，“朝入，夕报可”。只不过，这一诏令到达苏轼手中就没有这么快了。苏轼一家在泗州度过除夕之后，继续北行。元丰八年正月十九日，在举家到了南都[①]之后，苏轼才接到“检校尚书水部员外郎、汝州团练副使、不得签书公事、常州居住”的诏旨。“求仁得仁”的苏轼自是十分高兴，他在词中写道：“船头转，长风万里，归马驻平坡。”带着愉悦的心情，苏轼和家眷从南都折返常州。

就在苏轼以为自己将要过上“上书得自便，归老湖山曲。躬耕二亩田，自种十年木”的退隐生活时，一件令朝野哗然的大事却发生了——年仅三十八岁的宋神宗于元丰八年的三月五日驾崩。九岁的皇太子赵煦继位，是为宋哲宗，英宗的皇后高氏以太皇太后的身份临朝，而高太后一直是新法的反对者，此番朝权的更替无疑会带来朝局的巨变，当初因反对新法被贬斥的旧党势必会被重新起用，而意图躬耕于畎亩之间以度余生的苏轼，其心愿怕是也难以实现了。

① 南都：今河南商丘。

## 第四节 东山再起

宋神宗驾崩之后，在临朝的高太后的主导下，朝廷开始恢复宋朝祖宗旧制，当时的首相①为新党蔡确，高太后引韩缜为次相，制衡蔡确，又召回旧党领袖司马光，任其为门下侍郎②。司马光甫一上台便改弦更张，着手尽弃新法，原被贬谪的旧党也被纷纷召回。作为旧党的扛鼎之士，苏轼自然也在起复之列。

### 一、元祐更化

自熙宁二年起，新法已在全国推行长达十六年之久，其间虽有王安石

① 首相：古时宰相之职，或数人同任，居首位者称首相。

② 门下侍郎：官名，宋初仅为宰相叙迁之官。元丰改制后，以尚书左仆射兼任，代行门下省长官侍中之职（相当于宰相）。

两次被罢相，乃至最终退隐江宁，但宋神宗对新法的推行仍旧不遗余力。随着宋神宗的离世，反对新法的高太后上台，新法开始被尽数废除，人们将这一更迭称为“元祐更化”，元祐更化前后历时九年。至此，反对变法的一派，被称为“元祐党人”；因新法在熙宁、元丰年间施行，所以支持变法的一派被称为“元丰党人”。

司马光上台之初，朝野之人无不对新政拭目以待，当时也有议论称：“‘三年无改于父之道’，新皇帝怕是不好更改先帝的遗志，最终不过是更改一些小事，搪塞人们的议论罢了。”然而，司马光改回旧制的决心甚大，他说：“先帝之法，好的政令百年不改。像王安石、吕惠卿所立的对民有害的法令，自然要如救焚拯溺般速速更改才是。”而后，他便以雷霆万钧之势全面废除了新法：撤销保甲法；不再设保马法；废除市易法，将储蓄的物品皆卖掉，对利息也不加收取，豁免百姓所欠的钱；京东地区盐铁茶的禁令都恢复旧制。

当时，就有人对司马光说：“熙宁、元丰的旧臣，大多是险恶奸佞之人，日后要是有人用父子之义离间皇上，那就要大难临头了。”这话最终一语成谶。虽然司马光当时对此语并非不以为然，作为一个身在官场几十年的政治家又怎会不明白其中的道理，只不过历史中的每一次选择都是当下的选择，选择从来难以两全其美，在当时的情境中，也只能勾选出最利于当下的一个选项。

在司马光上台之后，王安石听闻朝廷要修改法度，起初也并未在意，但是听到对募役法加以否定，而全面恢复差役法之时，他愕然失声道：“罢新法能至于此？”从废除新法不久之后的反映来看，这种全盘的否定，也的确是失于考察而操之过急的决定。司马光等旧党在废除一切新法之后，却没能有所作为，原本国库空虚的状况仍亟待解决。元祐元年（1086）八月，范纯仁就以国用不足为由，请求再推青苗法，但因台谏[①]交争而作罢。但是这也预示着旧党没有办法解决当时的困境，新法卷土再来也只是早晚的事。而此后当新党再次回到权力的中心，对旧党的报复几近疯狂，给原本就雪上加霜的北宋政治加上了最后一根稻草。

## 二、五次擢升

自元丰八年被起复起，短短十七个月，苏轼接连擢升五次，从一个犯官之身扶摇直上成为正三品大员，直逼宰相之位。

（一）汝州团练副使—登州太守—礼部郎中

元丰八年五月六日，朝廷下诏，“责授汝州团练副使、本州安置苏轼复朝奉郎[②]、知登州[③]”。七月下旬，苏轼和家人离开常州，前往登州赴任。九月十八日，苏轼还未到达登州，朝廷又有一道加官的诏令，加官“朝奉郎除礼部郎中”，为正六品。

### 官职的品级

古代官职品级制度最早可追溯至周代，周代的官有九等之命。

① 台谏：宋时台谏为两官。台有侍御史、殿中侍御史、监察御史，专主纠劾官邪；谏有谏议大夫，拾遗、补阙、司谏、正言，掌侍从规谏。

② 朝奉郎：文散官，有官名，无固定执事。

③ 登州：辖境相当于今山东蓬莱、龙口、栖霞、海阳等市以东地区。

汉朝的官职等级则从“万石”到“百石”共分十五等，东汉分十三等。魏晋开始，确立了九品中正制的选官制度，按家世、道德和才能三个方面进行评定，分为上上、上中、上下、中上、中中、中下、下上、下中、下下共九品作为选任和擢升官吏的主要依据，为官职品级中一品至九品的雏形。

北魏时将九品各分正品、从品，如正一品、从一品，共计十八品；四品以下每品正、从又各分上、下阶，共三十阶。唐宋文职与北魏相同，武职从三品起分上、下阶。元明清保留正、从品，无上、下阶，文官、武官并无不同。

十月，就在苏轼即将抵达登州时，听闻消息的登州百姓相迎于道，并对这位名声在外的新任父母官寄予厚望，希望苏轼能够像之前的登州知府马默一样勤政爱民。登州原任知府马默为官清廉、爱民如子。当初登州沙门岛羁押囚犯，只要囚犯超过三百人，狱吏便将多出的囚犯投海溺死，因为分配给囚犯的官粮仅能满足三百人食用。见此情形，马默向朝廷奏请，修改了《配岛法》凡二十条，超过名额时，就把服刑时间长且无过错者送回登州，因此救活了许多人。

一直视解除百姓愁苦为第一要务的苏轼，自然把这期许记在心上。然而，就在十月二十日，苏轼刚刚到任登州第五天，“到郡席不暖”，还没来得及按照登州百姓所期待的那样造福一方，他就被朝廷召回京师任礼部郎中。十一月，苏轼再次启程，别登州，赴京师。在赴京途中，尽管已经卸任登州太守之职，他还是为登州百姓写了两道奏状上递朝廷，一是《登州召还议水军状》，说登州地近北虏，应当加强防务，希望朝廷不要将登州等地的兵士差往别处屯驻；二是《乞罢登莱榷盐[1]状》，言说百姓深受榷盐政策之害。

（二）礼部郎中—起居舍人—中书舍人

十二月上旬，苏轼抵达京师，就任礼部郎中。上任不足半月，在十二月十八日，苏轼又除[2]起居舍人[3]，于下旬就任，侍哲宗皇帝于延和殿，成为皇帝身边的近臣。

哲宗即位第二年改元“元祐”，这一年苏轼五十一岁。就在大家都以为苏轼此时深受高太后和司马光赏识，也开始回到朝廷权力中枢，正是东山再起可以拳脚大展之时，令人意外的是，苏轼却与司马光在役法的方式上发生了激烈的争论。

我国古代自秦朝开始，百姓都要服徭役，宋立国后，徭役制度亦承袭前制实行差役制，即轮到农户服役时，百姓要放弃农田劳作以服官役。但是这一制度本身有很大弊端，有时百姓对所充徭役的内容并不熟悉，又导致了生产的荒废，更有一些贪官污吏借用手中的权力营私舞弊。

王安石变法时，将差役法改为免役法（募役法），如果农户不愿意去充役，可以出助役钱，由官府统一招募他人代替出钱者服役。这本是一项一举两得且深受百姓拥护的变法举措，但司马光当政后，试图恢复差役旧制，并派官员设立机构。但是苏轼却反对恢复旧制，他说：“差役法、

---

① 榷盐：官府食盐专卖，后也指征收盐税。

② 除：拜官授职。

③ 起居舍人：掌起居注，记录皇帝言行以备修史。

免役法，各有利弊。免役法的危害是聚敛民财，百姓十室九空，而钱银聚于官府之手，百姓有钱荒之患；差役法的危害是征劳力于民，使百姓不能专心于农业生产，又有贪吏从中作奸。此二种役法利害差不多一样，如今用一种代替另一种，百姓未必高兴。”司马光问：“那你说怎么办？”苏轼答道：“法相因则事易成，事有渐则民不惊。夏商周三代以来，兵农合一，至秦代始分为二，唐中叶又把府兵变为长期征战的兵卒。自此之后，百姓不懂军事，兵不懂农事，农民以谷帛养兵，兵以性命保护农民，天下以此为便利。即便圣人再来也没法改变。现在的免役法也是这样。要立即取消免役法而实行差役法，正如取消长期征战的军队而恢复到军民合一的状态，恐怕很难办到。”但是司马光却不以为然。

后来，苏轼又在政事堂[①]陈说自己对差役法的看法，司马光十分生气，但苏轼仍旧大胆进言，他对司马光说：“当年，韩魏公（韩琦）征兵陕西义勇军，不整顿军队，只靠刺字[②]禁锢士兵，您作为谏官据理力争，韩公不悦，您也不管不顾。我曾听您说起过此事，如今您做了宰相，就不许我畅所欲言了吗？”司马光听苏轼如此说，心中怒气顿消，笑了笑，不以为忤。只不过，差役法仍旧全面恢复，气得苏轼在回府之后，褪去冠带，大叫司马光为“司马牛”。苏轼甚至还请求外任地方官以表达不满，但是没有获得允准。但这些接连的举动也着实激怒了司马光，使他产生了驱逐苏轼之意，埋下了苏轼与旧党政见不合、权力相争的种子。

---

① 政事堂：唐宋时期宰相治理政务的处所。

② 刺字：宋代的军制，兵士常须刺字，以作标记。

元祐元年闰二月，蔡确被罢相，司马光领任首相，吕公著、苏轼、苏辙、吕大防等旧党被相继进用。三月十四日，苏轼被免试任命为中书舍人。中书舍人是中书省的属官，主管中书六部，承办各项文书，起草有关诏令，为四品国家要员，需经过严格的考试选拔才能上任。苏轼的免试就任也说明了苏轼当时深得宋廷的支持，但苏轼的接连擢升并没有到此为止。不久之后，他又被安排了更为重要的官职。

（三）中书舍人—翰林学士

九月一日，司马光去世，旧党之中自然需要有人升任相位。九月十二日，苏轼升任翰林学士、知制诰。自中唐以来，翰林学士、知制诰一直被视为宰相的预备人选，所以有“内相”之称，欧阳修、司马光和王安石都曾担此要职，此时朝廷对苏轼寄予的厚望显而易见。但是，权力的获取从来都不会一帆风顺，面对苏轼的扶摇直上，其他人自是不甘罢休，开始蠢蠢欲动。

当时的监察御史孙升就谏言说：“苏轼的文章学问，中外推服，但是德行、度量、见识都有所不足，所以不能自重，讥讽朝廷得罪于先朝。如今以贬谪之身，还没有超过一年，便升任翰林学士。讨论古今，润色帝业，可以说这一职位都到了极点了，切不可再加官了。”此外，朝中更有议论，说苏轼不过是文采超常，但是赵普、王旦、韩琦几任贤相皆不以文章著称。当时王安石在翰林院还算称职，但是到了相位，则导致天下都不太平，假使要让苏轼辅佐，应以王安石为戒。

只不过苏轼擢升的背后，有着巨大的支持力量，其支持者就是当时朝政的实际主宰者——高太后。一次，苏轼在宫中值宿，被召进便殿[1]面见高太后和哲宗，高太后问道："你前年是何官职？"苏轼答道："臣为常州团练副使。"又问："现居何位？""臣现在充任翰林学士。"太后又问："为何能骤然升迁？"苏轼回答说："仰仗太皇太后和皇帝的恩典。"太后说："不是。"苏轼问："难道是大臣的保举？""也不是。"苏轼以为高太后怀疑他通过贿赂谋取官职，便赶忙说道："臣虽无礼，但也不会通过其他途径谋取官职。"高太后这才说："这是先帝的意思。先帝每每读到你的文章，必会赞叹说'奇才奇才'，只是没来得及起用你罢了。"话毕，高太后、哲宗、苏轼三人相对垂泪。而后，高太后又给苏轼赐座、赐茶，还派人用御用的金莲烛送苏轼回翰林院。在宋代，"赐烛归院"是帝王对臣下的极大礼遇，高太后也通过这一举动再次表明皇室对苏轼的礼遇。

然而，就在苏轼集一身荣宠扶摇直上直逼相位之时，旧党的三派之间围绕权力展开了激烈的斗争，原本一致对抗新党的旧党，在扫平了最大的障碍后，开始为各自利益进行圈地，党内之争相继爆发。

## 三、党内之争

北宋年间随着新旧思想的冲突，形成了新党、旧党两大派别之争，在两党之内又各有派系。旧党中有洛、蜀、朔三党，三党之间的为政思想差异较大，只不过当时为反对王安石变法，这三党暂时结合形成旧党以抗新

① 便殿：帝王休息宴游的别殿。

党。

（一）旧党三派

洛党的领袖为程颐，朱光庭、贾易等人为其羽翼。洛党主张彻底改革当时的朝政，他们希望通过儒家的理想来改造现实，所持政见与王安石相近，所本的理想是“王道”的典范——唐虞之盛。不过洛党重人，王安石重法，这是他们之间的区别，最终洛党中人因王安石的刚愎自用并大肆起用宵小之徒而与之分道扬镳。

蜀党，又称川党，以苏轼为领袖，吕陶等为其党羽。蜀党的变革主张较为温和，有黄老和纵横两种思想，尚权术、主机变，言事论理不执于一端，也不认为某种制度独胜，对待具体变革的态度也时常发生变化，反对用一套理想的标准执政，而倡导因时因事而异地对待朝政，以至于评价苏轼、苏辙二兄弟有“勇果于嘉祐之制策，而持重于熙宁之奏议，转手之间而两论立”的评语。

朔党以刘挚、梁焘、王岩叟、刘安世为领袖，羽翼颇多，是三党中势力最大的派别。与重理想的洛党不同，朔党更重经验，对社会的种种弊端更希望通过逐步改良的方式渐进变革，他们不讲“王霸之辩”、不讲唐虞的政治理想，而是注重汉唐以来的社会经验。这种执政理念的好处是平稳、不偏激，其不足则是在大变革时代变革不彻底、缓不济急。

总的来看，在力主变革上，洛、朔两党是一致的，但具体变革方式和理想又有不同，而他们又与蜀党的渐进变革方式不相一致，甚至可以说三党之间的个别观点有着不可弥合之处。但在特殊的历史条件下，新党只求行法、不论人品的为政方式，遭到三党的反对，也使得三党暂时联合结为旧党。

然而当新党势衰、旧党当政之后，党内间的派系矛盾也逐渐暴露出来，而随着旧党领袖司马光的去世，三党不睦之势开始显露无遗，以在司马光的葬礼上蜀、洛两党矛盾公开化为标志，三党彻底分裂。

（二）苏程结怨

苏轼和程颐之间的结怨，最早可以追溯到苏轼被贬黄州期间。程颐批评苏轼被贬黄州期间猖狂放肆，说他“得则肆，失则沮，肆则悦，沮则悲，不贤不良”。程颐个性古板，苏轼则率性天真，二人在思想、志趣、性格上都迥然相异，所以说，二人已有嫌隙也实属正常，只不过他们之间的矛盾在司马光的葬礼上公开化了，且引发了各自党羽的相互攻击。

元祐元年九月一日，六十八岁的司马光去世，朝廷命程颐主持办理丧事，苏轼在吊唁司马光时与程颐发生龃龉。关于此事的记载有两种不同的说法。一种说法是，当时百官从明堂①祭祀宋神宗回来，打算去祭奠司马光，但是被固执守旧、拘泥古礼的程颐拦住，理由是“庆吊不同日”，苏轼怅然而返，说程颐是“鏖糟②陂③里叔孙通④也”，讥讽程颐假学究、迂阔陈腐。另一种说法是，当日苏轼和两省官员祭奠司马光，程颐以《论

① 明堂：古代帝王宣明政教的地方。凡朝会、祭祀、庆赏、选士、养老、教学等大典，均在此举行。

② 鏖糟：固执、不达时务。

③ 陂：池塘。

④ 叔孙通：曾为秦博士，后从项羽，又归刘邦，任博士。刘邦称帝后，他采择古礼，结合秦制，给汉朝订立朝仪。

语》中“子于是日哭，则不歌”为由，将祭奠之人拦在门外，苏轼却道：“子于是日哭则不歌，却没说歌则不哭。于礼无害。”于是，带领大家进门。两种说法虽然迥异，但是说程颐与苏轼之间的关系由此破裂却是一致的。

而当时由于苏轼直逼相位，加之与洛党相左，朔党便与洛党联合起来对苏轼发起攻击。元祐元年十一月二十九日，翰林学士院主持入馆阁之职的策论考试，由苏轼命题，题目之一是问仁宗、神宗之治。当时程颐的弟子朱光庭和贾易效仿乌台诗案，攻击苏轼在策问试题中提出“效法‘仁祖之忠厚’则官吏们惰怠不振，效法‘神考之励精’又使官吏们流于苛刻”，说苏轼诬蔑宋仁宗不如汉文帝、宋神宗不比汉宣帝，是极大的不忠，应治其罪。御史中丞傅尧俞和朔党的王岩叟也对洛党加以策应，纷纷上书。

## 试馆职策问三首（其一）

**苏轼**

问：《传》曰：“秦失之强，周失之弱。”昔周公治鲁，亲亲而尊尊，至其后世，有浸微之忧。太公治齐，举贤而上功，而其末流，亦有争夺之祸。夫亲亲而尊尊，举贤而上功，三代之所共也。而齐鲁行之，皆不免于衰乱，其故何哉？国家承平百年，六圣相授，为治不同，同归于仁。今朝廷欲师仁祖之忠厚，而患百官有司不举其职，或至于偷。欲法神考之励精，而恐监司守令不识其意，流入于刻。夫使忠厚而不偷，励精而不刻，亦必有道矣。昔汉文宽仁长者，至于朝廷之间，耻言人过，而不闻其有怠废不举之病。

宣帝综核名实，至于文学理法之士，咸精其能，而不闻其有督责过甚之失。何修何营可以及此？愿深明所以然之故，而条具所当行之事，悉著于篇，以备采择。

这种说法自然是子虚乌有，随后，苏轼在《辩试馆职策问札子》中加以辩解说："臣所谓的'偷'和'刻'，指的是有司①和监司②守令③不能奉行政令，会导致此病，关二帝何事。至于前论周公、太公，后论文帝、宣帝，都是为文引证常用手法，也没有比拟二帝之意。"高太后也说，苏轼并无讥讽之意。

但是傅尧俞和王岩叟并不肯罢手，又于元祐二年（1087）一月八日再次上书，弹劾苏轼。即便朝廷批示说"朱、傅、王三人不须弹奏（苏轼）"，三人还是接连两次发起弹劾。不见容于朝廷的苏轼连上四札请求外任，皆不被允准。蜀党中的吕陶不肯坐视苏轼所受攻击，也上章为苏轼进言，他说，因程颐与朱光庭有亲，而苏轼前对程颐有戏言，所以朱光庭为程颐报怨而屡屡中伤苏轼。朱光庭等人身为台谏中人，却"假借事权，以报私怨"。

而后，苏轼又进呈一札，历述他在仁宗、神宗、哲宗三朝的政治主张，说自己只是想针对各朝存在的问题，提出与当政者不同的意见，希望通过宽猛相资、君臣相济以达到"圣人之治"，提出反对意见并非心存不

① 有司：官吏。古代设官分职，事各有专司，故称有司。

② 监司：指监察地方属吏之官。

③ 守令：郡守、县令等地方官的通称。

敬，只是批评朝政是人臣之节。最后，在枢密院范纯仁的调停下，朝廷发布诏令，谓“苏轼所撰策题，本无讥讽祖宗之意”，苏轼、朱光庭、傅尧俞、王岩叟各供已职，为时近两个月的派系之争落幕。但此后，党内之争并未就此顿歇，而是愈演愈烈。

（三）远祸全身

虽然得到太后的支持，但是苏轼也愈发感到难以抵御来自同僚的冷箭，如果说神宗一朝李定、舒亶“以讽谏为诽谤”诬陷他，还算自己有可指摘之处，那么现在党内的种种指责就完全是“以白为黑，以西为东”了。只是苏轼多次上书请求外任，皆不被允准。

七月二十六日，苏轼又除兼任侍读[①]一职，成为帝师，这更是朝廷重用苏轼的信号，于是，两党加紧了对苏轼的攻击。八月二日，右司谏贾易上书称吕陶与苏轼兄弟结党，文彦博为其主导，还涉及了范纯仁。这种屡教不改的诋毁使高太后震怒，想严厉责罚贾易，因吕公著劝阻，改为革贾易谏官之职。贾易为程颐之门生，当时程颐以布衣身份进职崇政殿说书[②]。加之谏议大夫孔文仲上奏说程颐“遍谒贵臣，历造台谏，腾口间乱，以偿恩仇”，请求罢免他。最终，程颐被罢说书之职，改任西京国子监。

陷于党争中的苏轼进退维谷，只得再求外任。即便如此，朝中不能重用苏轼的言论仍旧没有停止。九月十一日，当时的侍御史王觌进言称：“苏轼、程颐浸结仇怨，二人相亲善之人也势不两立，导致台谏官一年之

① 侍读：职责是给帝王讲学。

② 说书：掌进读书史，讲释经义，备顾问应对，相当于后世经筵讲官。

内，章疏纷纭，但多缘于二人恩怨……自苏轼入朝以来，过失不少，若朝廷任用量狭识暗、喜怒任情的苏轼，岂不是圣政之累吗！但苏轼文采斐然，后进之人鲜能比肩，如陛下欲保全苏轼，切勿大用，也许可以保全苏轼不致陷入悔恨之中。”又说：“苏轼乞求外任，必有自安以拒公议的考量。如果真是这样，陛下应考量邪正真伪而审慎处理。”“程颐、苏轼自擢用以来，台谏之论很多，如果二人言行无缺，怎么会有这么多人指摘他们？如今程颐被逐，而苏轼犹存，公议未允。请陛下观察苏轼的为人，不要再进用他了。”

十月六日，苏轼再次奏请补外，依旧不被允准。当时，高太后召见苏轼问他：“为何屡屡上书请求外任？”苏轼以疾病为由。高太后只得说：“是因台谏有言之故吗？起用你们两兄弟是皇上和太皇太后的主意，不是他人的原因。今天让你来也是让你安心，不要顾忌谏官的言论，不用再上书求去了。”

但是，时隔近三个月后的十二月二十八日，又有监察御史赵挺之奏称苏轼所举荐的王巩、黄庭坚都是轻薄无行之人，说苏轼所学都是纵横之说。而学士院的策试廖正一馆职的题目援引王莽、董卓、曹操这些忠臣烈士切齿不忍言的人，可见苏轼其心不忠不正，辜负圣恩，如果让其得志，将会无所不为。

元祐三年（1088）一月十九日，王觌再提策题一事，说苏轼借汉喻今，论说王莽、曹操等篡国之举，不过是因为苏轼不通先王性命道德之意、专务战国纵横捭阖之术的结果。如果苏轼久在朝廷，势必会巧谋害物，以快喜怒之意，所以应该让他外任到地方，戒除他的轻浮躁气。

不过当权者一直无视这些言论，就在当月，朝廷还任命苏轼权知贡举，主持当年的省试。此后围绕苏轼的上奏一直不断，多是说他“邪伪险薄”“妄进奸言”“奸人在朝，为国大患”，或重提苏轼当年“诋谤”先朝之事。苏轼再次上表请求外任以避非议。许是高太后为了让苏轼暂避风头，答应了苏轼外任之请，元祐四年（1089）三月十六日，苏轼以龙图阁学士（正三品）身份除知杭州。

洛蜀两党积不相能，既使程颐所代表的洛党撤离朝廷中枢，也使以苏轼为首的蜀党落败外任，两败俱伤。洛蜀相争，朔党得利，以刘挚为首的朔党全盘接手朝权。朔派之中的刘安世领台谏，王岩叟签书枢密院，梁焘为礼部尚书，皆身居要职。而几年之后，高太后再想调苏轼回朝，就并非易事了。而后以刘挚为首的朔党和以吕大防、苏轼两兄弟为首的蜀党间的争斗会更加激烈，但是，此时的苏轼还预料不到这些。他如释重负，高高兴兴地前往已经离开十五年之久的杭州上任去了。

## 第五节 进退两难

纵观苏轼宦海一生，每当运交华盖之时，他都有望登临权力高峰，成为朝中权柄的执掌者；但是此间的苏轼却总是被构陷，他要花极大的精力去辩白，致使为官生活百般煎熬；而一旦放任地方，他便如鱼得水，不仅能做出轰轰烈烈的政绩，还深得一方百姓爱戴。苏轼终其一生，在来去之间，很少能自己抉择，多数时间里，他只能在命运的裹挟之下进退维谷。

### 一、再任杭州

元祐四年，五十四岁的苏轼得偿所愿，出任杭州太守，家人仆从相随左右。七月三日，到任他心心念念的杭州。只可惜此时的杭州早已不是十五年前的模样了，城内运河淤塞，西湖也因淤泥和水草遍横而大为减色，再加上接连遭受天灾、瘟疫，百姓苦不堪言，没有了往日的和乐景象，但好在练达老成的苏轼在此时回来了。

（一）赈济灾民

苏轼到任的这一年，杭州收成不佳。因为冬春降水太多，使得早稻无法下种；而到了五六月积水退去，插过晚秧，却又遭旱灾，早晚两季都受损严重。杭州是水乡，种麦者少，种稻者多，所以要到第二年秋天才会有收成，只是到了明年收成如何又难断定，所以，苏轼十分担心在第二年春夏之交，会因饥馑而起盗贼之患。

十一月四日，苏轼给朝廷上奏章，禀明遇灾情由。又说转运司①明年将收缴所应供米以及过去欠缴的供米总计一百六十万石，而转运司的官吏为了免责，急于完成任务，必定催迫赋租，督促欠粮，管束漏税之事也必定比以往更加严格，而若真的如此，没有生路的饥贫百姓，必定聚为盗贼。如今他不敢奢望朝廷另赐钱粮，只希望能暂时宽限转运司催缴钱粮，并恳请朝廷能够准许两浙西路先上缴供米的一半或三分之二，其余的待丰收之时，分两年补缴。而后，他又上书朝廷将之前乞求用来修缮官舍的度牒②移作赈灾之用。

朝廷答应苏轼所请，又拨出两浙西路供米二十万石来赈济灾民，宽减了当年供米的三分之一，又赐两浙西路三百道度牒。两浙西路共七州，当时分给杭州的度牒仅有三十道，而人口仅为杭州人口十分之一二的润州③

---

① 转运司：也称转运使司，官署名。宋朝时，各道（路）皆设转运司，调一道（路）租税以供国用。

② 度牒：在古代，僧尼出家，由官府发给凭证。有牒的可免地税、徭役。唐宋僧尼簿籍，归祠部掌管，由祠部发放度牒。官府可出售度牒，以充军政费用。

③ 润州：今江苏镇江。

却获得了一百道度牒，所以苏轼不得不再次上书为杭州百姓进言，最终杭州的度牒增加至一百道，苏轼将售卖度牒的钱换成米，散给灾民。第二年春天，又将常平仓的储米减价出售，以平衡将要上涨的米价。

饥荒之后，再发瘟疫，而杭州又是水陆的交通要塞，因疫病致死的百姓常比其他地方多。苏轼先是命人做了很多稠粥和药剂，让医生到各个街巷为疫者诊治，又将官家二千缗钱并自己捐献的五十两黄金修建了一处安乐坊，命医官在此接待患者，救活了很多人。如此种种才避免了饿殍遍地城半空的悲惨景象。

在赈济灾民的同时，苏轼还着手处理困扰杭州百姓的另一要事——疏河治湖。

（二）疏河治湖

此番苏轼来杭，发现困扰当地百姓的最大问题就是饮水和灌溉。要说杭州缺水，怕是谁都不信，因为杭州坐拥几条城内运河，又有大运河和钱塘江，断不会有缺水之忧。但实际上，由于西湖内水草、茭白丛生，渐积为田，湖面变小，原本靠西湖补给水源的水井也多废弃。要想灌溉就必须引江水入城内运河之中，但是江水多泥沙，常常导致运河淤塞，必须定期清理。所以，杭州城百姓坐守着运河、钱塘江，却只能望洋兴叹。

熙宁年间，苏轼在任杭州通判时，曾访查民间疾苦，百姓都说最苦的莫若运河淤塞。茅山河、盐桥河是杭州城内的两条大河，两条运河交会于长河堰。由于江河相连，江潮挟带的泥沙常常倒灌两条河内，造成淤塞，三五年就要疏浚一次，不仅耗费人力物力，也有碍航运，更有贪官污吏趁机勒索，或说在某地置土，或说在某处过水，百姓不得不出钱贿赂才能保住自家土地。但清淤之后，又是满目狼藉，空地上堆满了污泥，如遇暴雨，污泥又都流回河中。可如果不疏浚运河，则会面临寸水行舟，甚至需要用人和牛拖拽船只方能行进。后来由于苏轼任期已满，当时未能完成疏浚工作便调离了杭州。

此番到任，通过访查，苏轼发现杭州用水不便最大的问题实则在西湖，但是当务之急是先要清淤运河，解决百姓的饮水问题。鉴于此，苏轼便下令疏浚茅山和盐桥两条运河，前后历时半年，挖掘了两条运河各十余里，使运河水深在八尺以上，此后的舟船才得以顺利通行。虽然杭州百姓都说近三十年来疏浚河道没有这么深、时间没有这样快的，但是在苏轼看来，这并不是一劳永逸的办法，因为三五年后，还要面临疏浚的工作。

元祐五年（1090）四月，刚刚疏浚两条运河之后，苏轼又听取部下苏坚的建议，在盐桥河与茅山河第一处交会地修建一道闸门，每当潮水来时，关闭此闸，让潮水挟泥沙径走茅山河，等一两个时辰之后，待泥沙沉淀、潮水清澈之时，再打开闸门，使潮水分流至盐桥河，这样可以使盐桥河暂不受泥沙淤填之苦，此后只需定期疏浚茅山河即可。虽然在闸门十余里之外的梅家桥处两河仍有交会，但是潮水已行进有十余里，所挟泥沙已经很难造成淤积了。而茅山河流经的是住户稀少的村落，疏浚的淤泥亦不会影响百姓的生活。这样的方法可以使杭州城既无涸泽之患，也不会受淤塞之扰。

在疏浚二河期间，苏轼还修复了唐朝时期建造的六座水井，解决了杭州百姓的饮水问题。杭州城多是盐卤之地，井水多苦咸，唐朝刺史李泌曾修建了六座水井，引西湖之水注入其中。此后杭州的百姓才喝上了甘甜的湖水。嘉祐年间，当时的知州沈遘又修建了一座大水井，人称沈公井。到熙宁年间，六井并沈公井都毁坏废弃了。苏轼在任杭州通判时，曾跟随当时的知州陈襄整修过输水管，由于有了充足的水源，所以当年的大旱并没有影响收成。

但是十几年后苏轼再来杭州时，发现六井和沈公井又是废弃不用的状态。百姓要么饮用苦咸的井水，要么花上七八钱买一斛水，而军营用水则更加不便。这一次，苏轼找来当年修缮水井的老僧子珪商议修井事宜，子珪提议用瓦筒代替竹筒作输水管，再用砖石加固，这样便能一劳永逸。苏轼听从建议，然后又引了六井的余水至军营，再修建两座水井，从此之后，杭州军民都喝上了甘甜的西湖之水。

在运河清淤、修复水井完成之后，苏轼又着手处理西湖淤塞的问题，而当时的百姓也相率找到苏轼，请他开浚淤塞近半、湖面日减的西湖。因为对杭州的百姓来说，西湖不仅是游乐观赏之地，更是上自运河、下及民田的广大百姓饮食所资。苏轼也早有此打算，于是他先考察了西湖淤塞的原因，然后又向当地父老请教修浚之策，听取治水专家苏坚的治理方略，再规划财力人力，与同僚讨论听取意见后制定出了治理的几项措施。

一切准备就绪后，苏轼上书朝廷请开西湖，他说，杭州之有西湖，如人之有眉目，使杭州无西湖，如使人去其眉目。更为重要的是，西湖还影响着百姓饮水和农田灌溉，要是废弃西湖而用江水则需花费人力财力疏浚运河。他又将之前确立的治理策略一一向朝廷陈明。在得到朝廷允准后，苏轼即着手治理西湖。

当时西湖最大的问题是“水浅葑横，如云翳空”，水草和茭白疯长，加之湖水不深，很快就填满湖面，导致西湖干涸。花很大力气清理后，不消两三年又会恢复原貌。面对此种情境，历任杭州太守都束手无策。苏轼也无良策，但他懂得广开言路，经常询问当地官员治湖之策。当时钱塘县尉[1]许敦仁建言称：“我曾见过吴人种植菱角，每年春天种菱角前会将河中植物连根拔起、捞出，寸草不留，然后才种新的菱角。如果在西湖中改种菱角，便永无茭白、水草堙塞之患。可以用钱米雇人开湖，然后租给百姓种植菱角，如果发现长出茭白、水草就剥夺种植权利，以此激励种植户清理湖面，如此便能永无后患。”

苏轼将许敦仁的计策交与大家一起商讨，所有人都说可行，于是苏轼便命人以钱米雇人开湖。湖面清理干净后，苏轼又将湖面进行划分，租给百姓种菱角，所得利钱用作日后疏浚的费用。为了防止因越界而产生纠纷，苏轼还造了几座小石塔，相望为界，就是这几座小石塔后来造就了“三潭印月”的美丽景色。

由于清理西湖所产生的淤泥较多，将之放置何处又成为新的问题。苏轼看到西湖南北三十里，环湖的路途遥远，终日不达，便想出了将这些淤泥修筑为一条贯通南北的长堤的主意，这样既可以处置淤泥，又方便往来。修筑长堤期间，苏轼每天往来于湖面巡视，长堤修好后，他又命人在堤旁遍种花木。寒冬一过，杨柳夹岸，芙蓉盛放，烟雨迷蒙中，红翠相间，如锦如缎。杭州百姓感念苏轼的伟绩，把这条长堤称为“苏公堤”。

---

① 县尉：在古代，万户以上的县设县令，不足万户为县长。属下有丞、尉，称长吏；丞、尉的属吏称少吏。县尉主管地方治安。

苏堤春晓，也成为“西湖十景”之首。一位诗人不仅用他的政治智慧拯救百姓于水深火热之中，还用他诗情画意的文学情怀让冷峻的水利工程有了更多美学的韵味。

去贴近一个伟大的人，就会明白“是人不是神”的确切含义。即便是苏轼，他在出任杭州地方官时所做出的伟大政绩，也都是从考察民情和听取意见中来的。仅就这一点，又有多少官员说到而做不到。而就在苏轼在地方一心为百姓谋求福利之时，朝堂之上的暗流却又一次涌向了他，而这一次，他依旧无从选择。

## 二、奉诏还朝

当初，洛蜀党争激烈，苏轼在朝屡受抨击，不安于朝的他再三请求外任，高太后只得从其请。然而，就朝中局势而言，洛蜀两党水火不容，导致以程颐为首的洛党和以苏轼为首的蜀党两败俱伤，坐收渔翁之利的朔党成为最大赢家，而后一些洛党门人也被招致朔党麾下。这自然引来高太后的警惕，因为放任任何一党独霸朝局都会对皇室不利。

于是，在元祐四年六月一日，苏轼刚刚被外任杭州，苏辙就迅速得到提拔，先是被任命为吏部侍郎，十天后，又升任翰林学士、知制诰。然而，要想避免朔党独大的局面，仅有苏辙自然不够，所以高太后一直打算将苏轼召回京师。

元祐五年年底，太后两次面谕执政[①]，要召苏轼还朝。到了元祐六年

① 执政：指的是“三省”的长官。

（1091）正月二十六日，苏轼被召为吏部尚书；二月四日，因原任龙图阁学士、御史中丞苏辙升迁为中大夫[①]、守尚书右丞[②]，于是改任苏轼为翰林学士承旨[③]。二月二十八日，朝廷诏下杭州，召苏轼以翰林学士承旨之职还京都。

接到朝廷的诏命，苏轼和苏辙都辞不受命。苏辙连上奏章，称其兄的文学和政事远在自己之上，因为自己担任尚书右丞而让本应居尚书之位的兄长移为翰林学士承旨，心有不安。而苏轼也连上奏章辞命，当时为了表示自己不愿意入京供职之心，他只身一人前往汴梁，家眷仍留守杭州。在路上他又连上三状请辞任命，过南都时他又上了请辞的第四状，这一状字数最多，甚至历述入仕以来的种种遭遇以请辞。他写道，只因上书陈说新法的种种不便，谢景温便诬陷自己丁忧回乡时贩卖私盐，只好避祸外任，而后连三任外补之职。因得神宗称道，李定等人便罗织罪名欲置他于死地。哲宗即位后，只因讨论差役法的得失，又见罪于司马光。加上与程颐不睦，引来两党交相攻击。随后，在经筵上论政事又开罪了执政。在朝中三年，被台谏弹奏了四次，却无一不是污蔑诽谤，若不是太后和皇帝信任，怕自己早就性命不保。现在，蒙圣恩擢用他们兄弟二人，定会引来其他大臣的猜忌，所以自己不得不以福为灾，连上奏章，请求辞免。希望能

---

① 中大夫：“大夫”为官名，多为中央要职和顾问；“中”为职官等级名。三代时，官分卿、大夫、士三等；大夫又分上、中、下三级。

② 尚书右丞：宋尚书省右丞总辖兵、刑、工三部，权势极大。

③ 翰林学士承旨：官名，宋代为翰林学士院主官，正三品。

准许自己继续外任，他甚至还说，哪怕是到一个“重难边郡”，也不会辞避。

尽管苏轼这样“披露肝肺、尽言无隐”地请辞，但最后高太后还是没有允准他的请求。她之所以一次次擢升苏辙，又多次想要召回苏轼，不过都是要防止朔党大权独揽，皇家被架空。而这样的用意，朔党自然也是心知肚明，所以苏轼刚进京师，投诚朔党的贾易便立即被擢升为侍御史，严阵以待的其他朔党诸人也都进入战备状态，等待抓捕他们的猎物——刚从杭州进京的苏轼。

五月二十九日，苏轼赴阁门受翰林学士承旨告命，几日后奉旨入学士院兼侍读。贾易等人自是不肯罢休，接连上章弹劾苏轼，弹劾之事有二：一是苏轼刚到任杭州时，发现杭州百姓蒙蔽官府以粗绢代替好绢来纳税，苏轼欲革除此弊，但是杭州城内的第一富户颜巽的两个儿子颜章和颜益煽动百姓，聚众闹事。经过调查，苏轼发现颜氏父子为恶乡里，振臂一呼，甚至能聚众挟制官吏，于是苏轼法外刺配了颜氏兄弟。二是苏轼离杭入京的沿途，路过当时水灾最严重的湖州、苏州一带，发现偏远山村仍有灾民，于是又接连上书朝廷，请求为浙西地区划拨钱粮以救灾。前者贾易等先后请求朝廷释放此二人，意在攻击苏轼断案不公；后者贾易等人说苏轼“眩惑朝廷”。

苏轼只得再向朝廷陈明缘由，甚至还上了一道《乞外补回避贾易札子》，在苏轼看来，自己“若不早去，不过数日，必为易等所倾”。结果也正如苏轼所料，这次贾易参奏苏轼的又是一件杀无赦的大罪，而起因仍旧是他的诗文。

元丰八年正月，宋神宗同意苏轼请居常州，苏轼回到常州后开始买田置屋，在五月一日得到买田成功的消息，高兴之余写了三首诗题在僧舍的墙壁上。

## 归宜兴，留题竹西寺三首（其三）

苏轼

此生已觉都无事，今岁仍逢大有年。

山寺归来闻好语，野花啼鸟亦欣然。

就是这一首诗又给苏轼带来了大麻烦。贾易弹劾说宋神宗驾崩于元丰八年三月五日，而苏轼却作“山寺归来闻好语，野花啼鸟亦欣然。此生已觉都无事，今岁仍逢大有年”的大不敬诗篇，但见诗文传播四方，他才深觉不妥，所以又增加了两首别诗，将此诗的先后顺序颠倒后谎称托人买田成功而作此诗。而就算是因买田作诗，当时神宗还未安葬，人臣泣血，苏轼却因买田而欢欣，其意何在？

苏轼不得不再上札了论说事实，吕人防和刘挚议政延和殿时，都说应罢免苏轼和贾易二人才能息事宁人。高太后无法，只能依此处理。八月五日，苏轼以龙图阁学士的身份外任颍州知州。

但诗案还是悬而未决，八月六日，群臣到延和殿议政，提及诗案时，苏辙进言说，当时哥哥苏轼从南京到扬州听到当时的百姓议论英主哲宗登基，心中欢喜才写就此诗。况且神宗三月驾崩，哥哥不可能到五月才知道消息。这一说法得到执政的认可，又命苏轼将所作诗文缘由交代清楚，诗案最终才得以宁息。二十多天后，苏轼怀着“得颍藏拙，余年之幸也”的心情，离开烦扰不断的京城，轻松地奔颍州而来了。

## 三、知颍与扬

虽然苏轼又一次因诗文被构陷，但最终的结果还算如他所愿，离开了朝廷中枢这一是非之地，得以外任。离开朝廷后，苏轼补任地方官，先后任颍州和扬州知州，但是时间都不长，颍州仅任职半年就被调往扬州，而在扬州任职的时间更短，还不足四个月。

（一）颍州救灾

苏轼于元祐六年闰八月二十二日，到达颍州任上。逃离了朝廷的尔虞我诈，刚到颍州的苏轼便和朋友泛舟颍州西湖，观月听琴，着实度过了几天悠闲的日子。只不过悠闲总是太短，忙碌才是永恒。此时政务正接二连三纷至沓来。

当时，京师所属各县水患严重，当地的官吏不调查研究实际情况，直接将陂泽之水引入惠民河，河不能完全容纳，致使陈州也多水灾。当时又有人建议开凿沟渠，令惠民河和颍河相通连，再凿沟渠将颍河之水引入淮河。所以，朝廷诏令陈州知州及其负责河渠、堤堰等事务的官员到颍州与苏轼商议是否开凿沟渠。

得知消息的苏轼先是派人实地勘察，勘察人员测量后发现，淮水的水位要比颍河水位高出近一丈，一旦开凿，遇淮水上涨，就会倒灌颍河，届时颍州水患比陈州还要严重。苏轼上书朝廷陈说不可开凿沟渠的理由，并一一陈明当时测量的数据，这才避免了这一有百害而无一利的工程。

在古代，生产生活无一不跟天气相关，困扰着百姓的难题十分单一，就是旱涝无常。也许春夏还在为雨水太多而发愁，转眼到了秋冬，就可能因久旱无雨而忧虑，这一年的颍州就是这样。自十月起，颍州一直雨雪不足，作为地方行政长官的苏轼自然要想方设法解决灾厄。他一面做好储粮救灾的准备，一面作了《祈雨迎张龙公祝文》，并到张龙公的行祠祈雨，希望天遂人愿。幸运的是，在祈雨之后几日，果然天降小雪。

## 祈雨迎张龙公祝文（节选）

苏轼

稽首龙公，民所祇威。德博而化，能潜能飞。食于颍人，淮颍是依。
受命天子，命服有辉。为国庇民，凡请莫违。岁旱夏秋，秋谷既微。
冬又不雨，麦槁而腓。闵闵农夫，望岁畏饥。并走群望，莫哀我欷。
于赫遗蜕，灵光照帏。惠肯临我，言从其妃。翾舞雩咏，荐其洁肥。
雨雪在天，公执其机。游戏俯仰，千里一麾。被及淮甸，三辅王畿。
积润滂流，浃日不晞。我率吏民，鼓钟旄旗。拜送于郊，以华其归。

虽然小雪暂缓了因干旱带来的恐惧，但是，周围郡县情况却不容乐观。当时的颍州涌入了从寿州①逃亡而来的大批流民。苏轼通过进一步了解，发现除了寿州，庐州、濠州②也发生了大面积的饥荒，农民“已煎榆皮，及用糠麸杂马齿苋煮食”，“淮南自秋至今，雨雪不足，麦熟不熟，盖未可知，若麦不熟，必大有饥民”。当时又正值隆冬，流民饥寒交迫。苏轼一面组织柴米的发放，一面上书朝廷请求能赐度牒，用这笔钱购买粮食，为来年的赈灾做好准备。

---

① 寿州：今安徽寿县。

② 濠州：今安徽凤阳。

除了饥寒的困厄，影响当地百姓的还有因饥荒而起的匪盗横行。当时在颍州就有一个多年的盗匪，越货杀人，甚至残杀捕盗官兵，但是屡屡缉捕不成。苏轼找来颍州治下的汝阴县尉李直方，让他竭力缉拿盗匪，并说事成后会代他向朝廷请赏，不成会以不称职奏免他。李直方不负所望，多次以身涉险，最终捉住了盗贼。但请赏时，朝廷却认为他官小，行赏不到这一级别而加以拒绝。苏轼又打算折换自己的年资劳绩，以此作为李直方的赏赐，仍未获得允准；后来，吏部考核苏轼功绩，按例升迁，苏轼也想让给李直方，但仍旧被拒绝。后来苏轼外任扬州，甚至是回到京师，都一直在询问李直方之事，赞其是难得之才，并一再给朝廷上书希望可以奖掖他的捕贼之功。

一直未等来李直方升任令的苏轼，却接到了自己的调令，元祐七年（1092）正月二十八日，朝廷命苏轼改知扬州。

（二）扬州惠民

烟花三月，苏轼走马赴任扬州知州。在这柳絮如烟、繁花似锦的时节来到扬州，苏轼的心情自然不错，在给朋友的书简中，他也表达了来到扬州的欣喜。但是刚来扬州的苏轼就做了一件“煞风景”的事。

扬州芍药甲天下，之前的太守效仿洛阳牡丹万花会，设立了扬州芍药万花会。苏轼到任时恰逢万花会时节，如果依照旧例，理应开始筹备花会，最爱花事风景的苏轼竟然发了一道取消万花会的政令。

这是因为苏轼到任后在访查民间疾苦时，发现百姓对万花会都痛心疾首，举办万花会破坏园圃不说，更有污吏从中作奸害民，百姓苦不堪言，苏轼从民之请便废除了置办花会的旧例。他对朋友说，此举虽然煞风景，但是免造恶业。此外，他还写了一篇《以乐害民》的小文，说万花会是“以一笑乐为穷民之害”，而对于洛阳太守钱惟演在洛阳设置驿站给朝廷供奉牡丹，他也觉得不妥。可以想见，当年贾易参奏苏轼在杭州西湖修建长堤仅是为了个人赏玩，这该是多大的不公。

在扬州为政期间，苏轼最关心的还是豁免民间积欠的问题。在王安石变法过程中，一些新法的推行本意是阻止豪强兼并，但由于政令推行不善，往往变成搜刮民脂为朝廷增加收入，这也是当初司马光等旧党一致反对新法的原因。在新法推行的十几年间，很多百姓都贫困破产，甚至还欠下很多官债，苏轼在杭州期间就坚决主张减免民间的积欠，因为这些积欠虽然看起来总额巨大，但多半难收得回来，都是一纸空文，而催债的官吏犹如虎狼散布在民间，“水旱杀人，百倍于虎；而人畏催欠，乃甚于水旱”。淮南各郡县，一直饱受灾害，如今幸遇丰年，却还要被逼债，结果反不如凶年。所以，苏轼又积极向朝廷反映情况，希望能暂时停止催欠，“使久困之民，稍知一饱之乐”。

从另一件事中，也能看出苏轼执政时总能询问民间疾苦，继而向朝廷直言进谏以纾百姓之急的为政本色。一直以来，扬州发运司主管东南漕运，允许掌船的人官船私用来运载货物，并且有相应的政令保护，不许加税，所以当时掌船的人家都比较富裕，他们都把官船当成自己的家，运载官家货物时也都十分尽力。但就在苏轼到任的前一年，朝廷禁止了这种官船私用，掌船的人没了进项，加上违规收税，开支巨大，船户就只好偷盗船上的官家货品以济饥寒。据苏轼了解，在嘉祐之前，官运六百万石粮食，最多折损也就是六七万石；而上一年仅运送了四百五十多万石，折损竟然达到了三十多万石。苏轼将此种情形向朝廷禀明，并请求恢复旧制，这样可以确保公私两全，这一建议也很快得到了朝廷的允准。

就在“诏书宽积欠，父老颜色好”的扬州百姓欢呼雀跃自己有了一任真正父母官的时候，一道诏令又打破了这种欢愉。而同样感到为难的还有苏轼，因为这又是一道召他回朝的圣命。

## 四、再次还朝

七月二十二日，朝廷诏令苏轼除兵部尚书充卤簿[①]使，并且说“大礼日迫，不许迁延”，命苏轼即刻回朝。即便是在这样的情况下，苏轼还是上书请求外任越州[②]，但是未获允准。一个月后，朝廷又命苏轼以兵部尚书、龙图阁学士兼侍读。苏轼只好离开扬州，身赴京师，但路上还是接连给朝廷上书，请求辞免兵部尚书和侍读之职，朝廷仍旧不准。

元祐七年十一月十三日，宋哲宗祭天于圜丘，苏轼依诏以卤簿使之职引导御驾进入太庙。当时发现有十几辆红色伞盖和青色伞盖的牛车，与皇帝的仪仗争路，苏轼派人去问才知道这些牛车是皇后和大长公主的。当时的御史中丞李之纯充任仪仗使，苏轼对李之纯说：“中丞之职应整肃政纪，此事理应奏报。”但是此事涉及皇后和公主，李之纯自然心怀惴惴而不敢奏报。苏轼见李之纯畏缩，便自己向哲宗陈说了此事。第二天，便有诏令严整仪仗卫队，从皇后以下都不许迎接谒见。

---

① 卤簿：帝王驾出时扈从的仪仗队。因出行目的不同，仪式也有分别。

② 越州：今浙江绍兴。

苏轼性情耿介，自他二十五岁签判凤翔至今，宦海沉浮已经三十二年，但是他依旧能够保持初心，风节凛凛。在神宗力挺王安石全面变法之际，他直抒己见，痛陈新法的种种不便；在高太后起用司马光恢复旧制之时，他毫无隐讳，批评不该对已取得成效的新法也持否定态度。而今他又以礼法纲纪为要，指责皇后和公主。这样的个性，自然难以融入官场，在朝廷一日，不免旧仇未解新恨又结，所以也不难想见，为何苏轼总是一再要求补任地方官。

在祭天大礼完成后，苏轼又上书请求外任越州，朝廷不仅未准其请，还改授他为礼部尚书。苏轼又接连上两道札子求外补，表示穷困边远的州郡也可以，但所请依旧杳无音信。虽然苏轼带着十二分的诚意一心要外任地方，但此时高太后需要他在朝中策应苏辙以制衡朔党的初衷没变，所以朔党对苏轼的围剿仍旧不会停止。

元祐八年（1093）三月，蜀党中的太中大夫、中书侍郎[①]范百禄被朔党攻击罢为资政殿学士，外知河中府。监察御史黄庆基和董敦逸乘胜追击，又接连奏疏，称苏轼、苏辙二兄弟与范百禄都是四川人，并结为朋党，还奏称苏轼举荐之人或在馆职，或为教官，或做监司，或知军州，不可胜数，所以应当避免川人太盛的势头。黄庆基专门上了三道奏章来弹劾苏轼：重提苏轼在杭州法外刺配颜氏兄弟，在颍州乱用官钱；结党王巩、晁补之、秦观等人；任知制诰期间，起草的流放新党等人的诏令，多有对先帝不敬之语，有讥讽之意；在常州宜兴强买曹姓人家典当的田产，致使曹

① 中书侍郎：为中书省长官中书令的副职。

家上诉八年才要回田地；并说苏轼和苏辙兄弟互为肘腋，紊乱朝政。

虽然黄、董二人因参奏之事多为诬蔑之词而被革御史之职，但苏轼还是写了一道札子解释黄庆基对自己的弹劾。他说自从入仕以来，自己疾恶如仇，所以见疾于群小，前有李定、舒亶，后有朱光庭、贾易，都以诽谤之罪构陷，先后相传，专用此术。这不过是因为他们找不出别的罪证，所以只能如此。虽然朝廷已经查明事由，但是这些参奏之事关乎自己的名节，所以不能不再辩白几句。他在札子中写道：参奏中所谈及的措辞，都是节选台谏的用语，并非自己敢随意增改删减，而凡是流放的诏令，皆是这样措辞，并非自己开创；至于颍州乱用官钱，当时是为了法外奖赏抓捕盗贼之人，虽然捕盗贼有专项费用，但在筹措不及的情况下，动用公使钱[①]似乎也情有可原；至于在常州宜兴购买的曹氏人家的田地，是自己在任团练副使时，托亲友投状依条购得的，只是后来姓曹的人要赖争夺，当时转运司按照律令判罚，也是将田地判归自己所有。后来，他见曹氏不过是想求财，当时自己又补位侍从之职，所以才让曹姓人家原价赎回田地，并非如黄庆基所言是断案判回。他说自己所说的这些在尚书省、户部皆有备案，可供查验。

六月八日，回京不足一年的苏轼再上书请求外任越州。六月二十六日，朝廷终于准许了苏轼的外任之请，只不过非苏轼所愿外任越州，而是以礼部尚书、端明殿学士、翰林侍读学士、左朝散郎身份除知定州[②]。

---

① 公使钱：宋代州郡用于宴请和馈送过往官员的费用。

② 定州：今河北定州。

# 五、守边定州

定州，距离宋辽边境二百余公里，一直是北方的军事重镇，宋朝初期，此地经常被辽国侵扰。宋廷历来不重武备，在经历澶渊之盟后，更是军纪松弛，此时的定州也是危机四伏。当时朝廷派苏轼知定州便有让他整顿军纪的用意。

已经五十八岁的苏轼却归心日重，他给朝廷上了一道请求知越州的札子，说自己三任浙中，粗知土俗，易于为政。如今带病之躯，归休心切，家有薄田在常州，久荒不治，越州虽然僻陋，但是于己安便，虽蒙圣恩能知定州，但自己心力疲耗，将难胜任。定州为重镇，事权雄重，禄赐优厚，所以自己请辞以乞越州，于义无嫌，所以希望可以改赐越州。朝廷很快便给了答复，说定州虽然眼下并无忧患，但是仅凭太行山之险，还是不能永保无虞，希望“借卿之重”以安定州。

就在苏轼准备离开京师赴任定州之时，却发生了两件对苏轼有致命打击的大事——他的继室王闰之和高太后分别于这一年的八月和九月去世了。而此后，苏轼的家庭生活和政治生涯都将发生巨大的改变。

与自己相携二十六载的妻子王闰之性情恬淡，从不看重名望富贵，苏轼在给王闰之的祭文中写道：“从我南行，菽水欣然。汤沐两郡，喜不见颜。”说她穷而不怨、富而不骄。自己被贬南迁，对于清贫生活，王闰之能够欣然接受，而在苏轼高官厚禄之时，王闰之亦没有欢喜之颜。正是这种始终泰然的性格，给了苏轼千钧的支持力量。

一直以来，苏轼在朝野为社稷谏言、为百姓谋福，抵挡政敌投射来的明枪暗箭，从未惧怕。他为官几十载，多次经历宦海沉浮的大起大落，也从未惊慌。是妻子的无比信任和深明大义才令苏轼艰难的步履可以走得轻松、走得畅快。

只是，从今以后，“孰迎我门，孰馈我田”，想到这里，苏轼不由得“泪尽目干”。妻子去世后的第十天，苏轼做了一个梦，梦里他回到了小时候居住的纱縠行，还是那个老园子，还是那个坐在南轩读书的自己，他看到家里的庄客在挖土填小池塘，土中挖出了两个萝卜，庄客们高兴地吃着，望着这样的情境，他觉得有趣，取出笔作了一篇小文，“坐于南轩，对修竹数百，野鸟数千”。梦醒后的苏轼，惘然怀思了许久。可以想见，在经历了人生这样大的悲恸之后，即便潇洒如苏轼者，也躲回了他一生中最无忧无虑的时光里。只不过，梦醒之后，仍旧是这样的物是人非，以后的天地也将改换它原本的模样。此后，苏轼再也没有续娶妻子，待到他百年之后，弟弟苏辙按照他的心愿，将他与王闰之合葬。

王闰之去世一个月后，高太后也离世了。苏轼不仅在生活上失去了伴侣，在政治上也彻底失去了靠山。但是此时这种影响还难立现，因为按照诏令，他现在要身赴定州了。

十月二十三日，苏轼到达定州。由于澶渊之盟买得了边境的暂时安宁，加之宋朝不修武备，所以映入苏轼眼帘的定州军队只是军纪不严、边备松弛，然而随着了解的深入，定州的军事状况却令苏轼大为吃惊。军营中偷窃、赌博现象屡见不鲜，甚至还有将士聚众为盗的事情发生。

苏轼经过调查发现，当时营中的士兵将盗取的财物肆意典当售卖，监官却隐瞒不报。当地百姓将禁山开垦为田地，将士不仅不制止，还要坐收税费。而城中更有一百余户人家开设赌场，肆无忌惮地召军民赌博。对此种种，苏轼并未急于铁腕治理，他先依法处置了偷盗、侵耕的军民，又将持身不正的将领移送司理院[①]，而后依旧是调查了解军情、民情，找到问题的症结所在。

苏轼发现当时的军营大多损毁，不庇风雨，椽木腐烂，多无瓦片，于是他派人将所需修整的营房做了统计，将需要花费的大概钱数呈报给朝廷，希望朝廷能拨一百七十一道度牒，用作修葺军营的费用。

而后苏轼才进一步严明军纪，他先是发配了越级告密的军中小吏，后又恢复军礼，举行阅兵。阅兵时，副将王光祖自恃为老兵，不愿意服从军纪，苏轼便让书吏写奏章弹劾，此后，王光祖和军中将士无不忌惮苏轼之威，已经废弛的军法军纪渐渐得到恢复。

除了营中的军士赤露饥寒，当时由于河北诸路的各州受灾严重，所以当地的百姓也面临着饥寒之忧。定州赈灾的惯例是根据朝廷的拨付，平均散贷，而不问人口多少、是否需要，最后收缴欠贷时，灾民多拖欠不还，使得朝廷损失巨大，而且并不是所有丁户都能贷到钱粮，所以更有官吏从中作梗，以收贿赂。

苏轼在给朝廷的上书中说，这种借贷方式常常是所费耗巨大，却有出无收，不如将常平仓中的米以平时价格的十分之二销售到市面上，这样不仅可以使朝廷免受借贷无还的巨大损失，也可以使百姓都能得到实惠。朝廷的赈灾款项，可以在丰年时买入新米，适当抬高米价，不仅可以留待日

① 司理院：主管讼狱的机关。

后赈灾，也有利于农户当年的经济收入。这一建议很快就获得了朝廷的批准。

考虑到定州将士军纪废弛已久，苏轼还向朝廷奏明自己想增修弓箭社的打算。因为军中将骄卒惰，虽然自己一直致力于申严军法，由来已久的积弊也渐渐得以革除，但是苏轼仍旧觉得“沿边禁军缓急终不可用”。长久以来废弛的军纪带来的是兵士的胆小力弱，他们披兵甲、执兵器行军数十里，便气喘吁吁、汗流浃背，而如果昼夜训练，又害怕辽国以为大宋意欲挑起事端。

苏轼认为，如果战事兴起，还是需要依靠朝廷的禁军，而平时保护边境、抵御贼寇，则可以依靠当地的百姓。因为自澶渊之盟以来，百姓自相结为弓箭社，每户出一人，家资武艺超群的被推举为社头，他们带弓而锄、佩剑而樵。社里还有赏罚分明的制度，社员分番巡逻，闻鼓聚集，骁勇善战，就连辽兵都十分畏惧。元丰二年，有一伙贼寇二十多人在边境打劫，两国均无法将他们擒获，当时就是弓箭社斫获了盗贼首级。所以苏轼奏报朝廷，希望朝廷通过立法赐物、明晰赏罚，以使弓箭社尽其功用。苏轼还参照之前的制度，详拟了弓箭社的编制、武备、操练和奖惩制度，希望朝廷能尽快加以实行。

就在苏轼为巩固定州的军事力量而积极努力时，突然传来吕大防被罢官、弟弟苏辙也被贬汝州的消息，因为自宋哲宗亲政起，朝中的局势正在发生着惊天逆转。而此后的苏轼，也将更加命运多蹇。

# 第六节 再遭流放

苏轼在六十六岁时，曾写下一首诗来总结自己的一生，他说自己“心似已灰之木，身如不系之舟。问汝平生功业，黄州惠州儋州”。他将自己一生最悲凉的贬谪之地作为平生的功业，这既是一种豁达，也是一种圆融。虽然一生漂泊不定，但他从苦难之中获得了心灵的寂静无欲，在囚禁中获得了精神的自由自在。命运对苏轼并不公正，但他回报以飘逸豪放的诗文，千百年来，人们歌咏的，也正是这样的苏轼。

## 一、绍圣绍述

元祐八年，垂帘听政的高太后去世，宋哲宗开始亲政，而这距离他登基已经八年多了。此间积压的诸多对高太后和旧党的不满，也自他亲政之日起爆发，其表现便是逐一恢复新法。哲宗亲政第二年四月，改元“绍圣”。“绍”有继承之意，从年号中便不难看出，哲宗的政治号令是意图恢复父亲神宗的新法变革。

绍圣元年（1094）二月，哲宗擢升李清臣为中书侍郎。三月，在集英殿举行的进士殿试，李清臣为策论题目的命题者，题目的主旨便是要废除元祐年间的政策。举子们明白其中含义，纷纷论说绍述之意，继承变法之论大兴。

苏辙见此风头，上书劝诫皇帝，因为言语激烈而激怒了哲宗，苏辙门下侍郎之职被罢，改知汝州。不出意料，苏轼也很快被卷入其中。四月十一日，侍御史虞策、来之邵又重提苏轼担任知制诰期间所起草的诏令中有讥讽先朝以泄私愤之意，所列举的证据也仍旧来自贾易、黄庆基之前的参奏，虽然苏轼当时已经写了一封《辨黄庆基弹劾札子》来申辩，并且讲明了原委，但是，苏轼仍旧因此获罪，黜落端明殿学士和翰林侍读学士之职，以左朝奉郎之职知英州[①]。仅隔一天，朝廷又降旨降左朝奉郎为左承议郎，仍知英州。

## 苏轼落职降官知英州[②]

讪上之恶，众憝厥愆；造言之诛，法谨于近。矧弹章之荐至，孰公议之敢私。爰正常刑，以警列位。端明殿学士兼翰林侍读学士、左朝奉郎、知定州苏轼，行污而丑正，学辟而欺愚。顷在先朝，稍跻清贵。不惟喻德之义，屡贡怀谖之言。察其回邪，靡见听用；遂形怨诽，自取斥疏。肆予纂服之初，开以自新之路。召从方

① 英州：今广东英德。

② 出自《宋大诏令集》卷二百六。

郡，服在近班。弗讹尔心，覆出为恶。辄于书命之职，公肆诬实之辞。凡兹立法造令之大经，皆曰蠹国害民之弊政。虽托言于外，以责大臣；而用意之私，实害前烈。顾威灵之如在，岂情理之可容。深惟积辜，宜窜远服。只夺近职，尚临一邦。是为宽恩，无重来悔。可特落端明殿学士兼翰林侍读学士，依前左朝奉郎知英州。

此后，元祐年间被驱逐的新党也被一一召回，蔡确被追复为右正议大夫，章惇为尚书左仆射兼门下侍郎，王安石的神主也配享神宗庙庭。青苗法、募役法等新法很快得到恢复。而旧党一侧，三月至七月间，吕大防、范纯仁离开相位，司马光、吕公著的赠谥以及王岩叟的赠官被削夺，刘挚、梁焘等人次第被贬。

致力于改变宋朝积贫积弱局面的熙宁变法，在前后的几十年间逐渐演化成了炽烈的多党之争，熙宁新法、元祐更化、绍圣绍述以及随后的建中之政，四变国是，令宋朝举国上下都无所适从，致使朝野内外怨声沸腾。新旧朋党的相互倾轧，也使得仕风颓败，诽谤诬陷大行其道。贫弱的北宋在屡次的动荡之中也很快就将覆灭。

## 二、被贬惠州

### （一）惠州生活

绍圣元年闰四月三日，五十九岁的苏轼接到朝廷的诏命，赴任英州。从河北南下，奔赴岭表，并且苏家上下几十口人，路上的险阻和花费可想而知，一向不善储蓄的苏轼很快就面临囊空如洗的境遇了。路过汝州时，苏轼带领三个儿子去见苏辙请求经济上的支援，而后苏轼又决定让长子苏迈带领家眷回常州过活。但是贬官的诏令并未就此停止。一个月后，又诏令“合叙复[1]日未得与叙复”，取消了苏轼官复原职的可能。六月五日，来之邵等人再次参奏，说苏轼自元祐以来的文字多有讥讽先朝之意，虽然已经贬官，但是舆论还在。于是朝廷又改诏令，授苏轼宁远军节度副使[2]，惠州[3]安置。当苏轼行至姑熟时，接到了贬至惠州的诏令。无奈，苏轼只得命次子苏迨返回常州随其兄苏迈一起生活。而自己仅带上三子苏过和侍妾朝云及两个婢女前往惠州。

十月二日，苏轼到达惠州。地处岭南的惠州自是没有现今的繁华，当时还是瘴疠之乡、蛮貊之邦，气候和环境都与中原迥异，而就是这样偏远荒凉之所，苏轼却有故地重游之感，因为惠州的百姓都扶老携幼地在路上迎接他，惠州的官员也没有因他的犯官之身而加以苛待，而是待之以非常之礼，他们请苏轼暂居合江楼。合江楼是三司使的行衙[4]居所，在两江的交汇处，是一座朱红色的小楼，这样的礼遇也让一路风尘的苏轼得以暂时安歇，“江风初凉睡正美，楼上啼鸦呼我起”。十几天后，他迁居嘉祐寺，给自己的住所取名“思无邪斋”。

由于是贬官之身，又无实权，所以苏轼在惠州生活期间并无太多政事的搅扰，也算安闲自在。他时常在苏过的陪同下，访游禅院、道观，又在

---

① 叙复：按照惯例，官员获罪降职后，可按后来的劳绩恢复职位。

② 节度副使：节度使副官。在边地，节度使掌管一地区的军事民政，用人理财皆可自主，但在宋朝为虚衔。

③ 惠州：今广东惠州。

④ 行衙：官吏出行在外的办公处所。

当地人那里觅得一个酿桂酒的方子，自己尝试酿酒。就在苏轼已经渐渐融入惠州的生活时，却传来了一个令他有些忐忑的消息，他的表兄程之才以广南东路[1]提点刑狱之职巡视广州。

程之才是程夫人的娘家侄子，又迎娶了苏轼的姐姐苏八娘，按理说是亲上加亲，但由于八娘在婆家遭受虐待抑郁而亡，苏洵悲愤至极，写了文章痛斥程家以示绝交，并告诫苏轼兄弟不与程之才往来，至今已有四十二年之久。程之才的惠州之行，难说不是来自政敌的刻意安排，因为上一次苏轼被贬官黄州的时候，已有过类似的情形。当时陈公弼之子陈慥就居住在黄州，而陈公弼正是苏轼在凤翔的上司，二人不睦由来已久，所幸陈慥并非小肚鸡肠之人，个性豪放的他还和苏轼成了非常好的朋友。苏轼并不清楚程之才此行是为借机报复而来，或仅仅是因巧合而路过惠州。但不管是何种情形，苏轼都有意与之冰释前嫌，因为对苏轼来说，父母早已仙逝，自己已经年过六旬，又远在岭南，与亲人难能一见，与程之才虽有宿怨，但也已经是四十多年前的旧事了。

于是，苏轼请程乡县令侯晋叔从中调停，没想到程之才也正有此意，两个至亲的人在远离故乡的岭南化干戈为玉帛，双双握手言和。此后二人一直有书信往来，成了交往甚密的亲友。后来，程之才又多次来惠州，不仅带了很多礼物，还带了自己的儿子拜访苏轼，二人还一同游白水山、香积寺。

虽然并无政务在身，但苏轼还是难改为民请愿的初心。当时他看到

---

① 广南东路：简称广东，治所为广州。

惠州官府在集会的时候，时常会使用一种珍贵的香药，由于香药难寻，这让当地的商贩十分挠头，所以，他写书简给当时的广州知州章楶，希望他能跟朝廷奏罢此事。看到广州各州县赋税过重，官吏横征暴敛搜刮百姓，苏轼又写信给程之才，希望他会同三司通知各州查问此事；当年的收成大好，米价暴跌，苏轼也希望程之才能会同转运司奏报朝廷，使百姓所缴纳的费用可以用米折价一半，以救百姓的困顿。当时，惠州以东河流较多，很多桥都毁坏难用，多靠小船渡河，极为不便，而且冬天还有溺水的隐患，惠州太守詹范找到苏轼，希望他求助程之才协助修桥，很快苏轼就接连写了几封书简给程之才，让他襄助此事。

绍圣二年（1095）九月，哲宗祭先王于明堂后，大赦天下。苏轼听闻这个消息，便请程之才看他能否上书请求量移①到稍北的州郡。但这个愿望很快就落空了，先是朝中为二苏进言的常安民被罢监察御史，紧接着朝廷又降旨称去年被贬逐的十五人“永不叙复”。

这接连的信号，让苏轼断定朝廷不会让他离开惠州了，所以他便下定决心在惠州买地置屋，让家人同来。他也开始以终老岭南的心态重新看待惠州，他觉得惠州其实还不错，这里的藤菜并不比江南的莼菜差，既有小邑浮桥，又有青山石岸，更何况还有荔枝和满树的繁花，而很快，他也将和家人团聚，“明年更有味，怀抱带诸孙”，这一次，他是抱定了常住惠州的打算。

① 量移：被贬谪远方的人臣，遇赦可以酌情移近安置，称为量移。

绍圣三年（1096）四月，苏轼在惠州归善县[①]白鹤峰原白鹤观的旧址买了几亩空地，预计在冬天建完房屋二十间。苏轼也给苏迈写了信，要他带着家人在冬天赶来相聚。就在苏轼一心期盼着一家团聚以抵御岭南的孤远和荒凉时，又一件大不幸的事发生了，他的侍妾朝云感染上了岭南的时疫。

（二）朝云之死

熙宁七年，是苏轼在杭州任通判的最后一年，朝云就是在这一年来到苏宅的。朝云，姓王，字子霞。一直以来，人们根据《燕石斋补》中的记载，都盛传朝云是杭州名妓，因得到苏轼的爱幸，才被买下纳为侍妾。但其实，这种说法并无直接的证据，而且当时朝云的年纪尚小，只有十二岁，所以应该是附会之语。不过古往今来，流传于民间的关于朝云和苏轼的故事远不止于此，这不仅是因为苏轼个性潇洒不羁，而风流才子的故事更能满足多数人对苏轼的想象，另一方面，人们也深切地希望有这样一位多情的美人去完成才子佳人的动人神话。其中有两段故事，就十分鲜明地表现出了朝云作为苏轼的解语花的形象。

一段发生在元祐年间，彼时苏轼还在朝奉职，一天退朝回来，苏轼吃过饭后，手抚着肚皮对侍女们说："你们来说说这肚子里都有什么？"一个侍女说："满腹文章。"苏轼听了不以为然。另一个侍女说："满肚子识见。"苏轼还是不满意。轮到朝云时，她说："学士是一肚皮的不合时宜。"听罢朝云之语，苏轼哈哈大笑。

① 归善县：今广东惠阳东北。

而另一段则发生在惠州。时值秋天，苏轼在屋外闲坐，他看到树叶飘落，感于时伤，遂填制了一首《蝶恋花》，命朝云唱来，朝云看罢诗词，歌喉将啭，却已泪湿衣袖。苏轼问她哭泣的缘故，朝云说：“我不能唱的两句是‘枝上柳绵吹又少，天涯何处无芳草’。”苏轼笑着说：“我在悲秋，你却又在伤春了。”而自朝云去世后，苏轼也不再听这一曲《蝶恋花》。

### 蝶恋花·春景

苏轼

花褪残红青杏小。燕子飞时，绿水人家绕。枝上柳绵吹又少，天涯何处无芳草。

墙里秋千墙外道。墙外行人，墙里佳人笑。笑渐不闻声渐悄，多情却被无情恼。

这两个故事都出自宋人笔记，多是传说，不足为信。但是，苏轼对朝云的情义确实非比寻常，在妻妾之中，苏轼写给朝云的悼念文字也最多，这固然缘于聪慧好学的朝云和苏轼十分投契，因为朝云擅长歌舞，跟随苏轼学习读书习字，还和比丘尼[①]学习佛法，所以粗知佛学大意，可以和苏轼参禅悟道，算得上是红颜知己；但更多的还是因为朝云在苏轼最为困顿的时候依旧对他不离不弃。自古以来，士大夫都会在家里蓄养一些侍妾和歌伎，她们学习乐器和歌舞，在主人宴客和休闲时进行娱乐表演，但是她们并无责任和义务照顾家庭，当家中遭遇变故时，也多会另觅出路。所以

① 比丘尼：受过具足戒的女僧。

从苏轼被放逐以来，家中的四五个侍妾都相继离去，只有朝云愿意跟随苏轼南迁，所以苏轼在写给朝云的诗里，就曾将她和最终离弃白居易的樊素相较。

绍圣三年七月五日，不幸感染时疫的朝云不治而亡，年仅三十四岁。临终时，她口念《金刚经》的四句偈子："浮屠是瞻，伽蓝是依，如汝宿心，惟佛之归。""敏而好义""忠敬若一"的朝云跟随苏轼生活了二十三年，被安葬在惠州栖禅山寺，寺中还建造了一座六如亭来纪念她。

朝云离世后，"中原北望无归日"的苏轼身边只有苏过一人，但好在这年冬天，家人已经在苏迈的带领下从常州宜兴出发了，此时白鹤峰的新居就要落成，一家人也就快团聚了。只不过，新党的报复还远没有停止。苏轼和家人团聚惠州的计划，再一次成为如露如电的梦幻泡影。

## 三、远谪儋州

绍圣四年（1097）二月十四日，白鹤峰的新居落成，苏轼从嘉祐寺迁入新居。他对新居进行了绿化，"门外橘花，墙头荔子，舍南种柑"，为厅堂写了"德有邻堂"的匾额，仍为书斋取名"思无邪"。有了自己的新居，渐渐安定下来的苏轼难掩兴奋之情，他在给朋友的书简中也叙说了乔迁之乐，"新居在大江上，风云百变，足娱老人也"。不过风云百变的又何止是大江的美景，此时的朝堂亦是暗流涌动。就在苏轼刚刚迁入新居，一别三年的子孙也刚刚抵达惠州之时，朝中竟又下了一道诏令，责授苏轼琼州[①]别驾[②]、昌化军[③]安置。

此次贬谪并非只针对苏轼，而是元丰党人对元祐党人发起的又一次攻击，这次不仅进一步贬谪了吕大防、刘挚、苏辙、范纯仁等人，就连九十二岁高龄早已致仕的文彦博也未能幸免，而已故的吕公著和司马光皆在追贬之列。命运再一次捉弄了苏轼，他不得不再次诀别家人，这一次，他要远走的是海角天涯。

（一）诀别家人

四月十七日，苏轼接到诰命，他决定让家人留居惠州，自己带着苏过一人前往儋州，他心里清楚，这一别也许就是永别了。离开前，他对长子苏迈交代了后事，并打算到儋州之后，就立即置办棺和墓。所以可以想见，此次分别不同以往，更像是一次生离死别。分开的那天，子孙们恸哭于江边，目送已经六十二岁的苏轼渡海而去。

当时苏轼还有一个心愿，就是希望能再见一见弟弟苏辙。此次苏辙与苏轼一同被贬谪，被贬之地是雷州[④]。但此次贬谪突然，诏令中又命令他们不得耽搁，必须即刻启程，所以二人来不及互通书信。当苏轼听闻弟弟已到藤州[⑤]时，他特别高兴，希望自己可以日夜兼程，赶到藤州与弟弟苏

---

① 琼州：辖境相当于今海南海口、定安、澄迈、临高、琼海等市县。

② 别驾：通判的别称。

③ 昌化军：唐朝称儋州昌化郡，熙宁六年改称昌化军，亦称儋州，今海南昌江黎族自治县。“军”为宋代的行政区划名，与州、府、监同隶属于路。

④ 雷州：今广东雷州市。

⑤ 藤州：今广西藤县东北。

辙相见。

五月十一日，两兄弟终于在藤州相遇。苏轼决定先陪着苏辙一起到雷州，然后自己再去儋州。就这样，两兄弟便多了一个月的相聚时光。雷州太守张逢久仰二苏大名，所以苏轼、苏辙一到雷州，便受到了极高的礼遇。一个月后，苏轼留下一首与苏辙的唱和诗作，诀别苏辙，跨海离去。这一别也是他们的永别，此后山高水长，两兄弟再未相见。

自古兄弟相亲相敬，最被推崇的就是苏轼、苏辙两兄弟，这不仅因为他们文擅天下、声名显扬，更因为他们一生都能休戚与共、风雨同舟，谱写了兄友弟恭的佳话。他们仅相差三岁，哥哥旷达、弟弟沉静。自苏辙出生起，两兄弟就一同玩耍、一同读书、一同赶考、一同登科，未曾有过一日相离。步入仕途后，他们在政治上同进退，在诗文上相唱和，数十年宦海沉浮的顺逆荣枯，兄弟俩一直相互扶持着一起走过。

苏轼签判凤翔，是兄弟俩的第一次分别。分别时，苏轼写下了寄给苏辙的第一首诗，诗中写道：

寒灯相对记畴昔，夜雨何时听萧瑟。

君知此意不可忘，慎勿苦爱高官职。

他希望弟弟不要因眷恋高官厚禄，而忘记当年两人一同对着寒灯共听夜雨的往昔。

熙宁年间，由于反对王安石变法，兄弟俩不安于朝，被外放为官，也难以相见。苏轼在杭州任满之后，因为苏辙在济州任职，所以他向朝廷请命希望能到山东任职，可以离弟弟近一点，朝廷派他任职密州。尽管这样，由于政务繁忙，二人还是无法相见，在一别六年未能相见的中秋之夜，苏轼写下了千古名篇《水调歌头·明月几时有》一诉离愁别恨，以表达对弟弟的思念之情。

## 水调歌头·明月几时有

苏轼

丙辰中秋，欢饮达旦，大醉，作此篇，兼怀子由。

明月几时有？把酒问青天。不知天上宫阙，今夕是何年。我欲乘风归去，又恐琼楼玉宇，高处不胜寒。起舞弄清影，何似在人间。

转朱阁，低绮户，照无眠。不应有恨，何事长向别时圆！人有悲欢离合，月有阴晴圆缺，此事古难全。但愿人长久，千里共婵娟。

乌台诗案，苏轼罹祸，案发之时，苏辙不顾个人安危，派人赶在朝廷抓捕的人到达之前，给苏轼通风报信。苏轼被投狱之后，苏辙又上书给神宗，说自己愿意弃官赎兄。而在狱中的苏轼也写了两首绝命诗给弟弟，说自己愿“与君世世为兄弟，又结来生未了因”。

元祐年间，旧党得到重用，两兄弟东山再起，当时因为苏辙被授尚书右丞一职，所以朝廷将苏轼的任职由吏部尚书改为翰林学士承旨，苏辙接连上了四道请求辞免的札子，他说自己和兄长共同受业于父亲，而父亲去世得早，自己所学全由兄长成就，现在由于自己的缘故而导致兄长不能担任吏部尚书，自己十分不安。他说兄长的文学、政事皆在自己之上，虽不敢远慕古人举贤不避亲，但是也希望自己和兄长一起担任皇帝的侍从官。

哲宗亲政后，兄弟俩再遭贬谪，苏轼被贬英州，苏辙被贬汝州。从无积蓄习惯的苏轼再次陷入捉襟见肘的窘境，只好带着三个儿子到汝州看望苏辙，并请求经济上的支援。并不十分宽裕的苏辙慷慨解囊，一下子就拿出了七千缗来资助哥哥。有着几乎相同人生境遇的两兄弟，他们在进退之中同富贵、共患难，友爱弥笃，无所怨尤，世所罕见。二人唱和的诗篇也多达七百余首，时间长达四十年，亦谱写了文学史上的一段传奇。

（二）海南生活

绍圣四年七月二日，在苏过的陪同下，苏轼到达儋州。儋州距离东京汴梁三千六百余公里，是真正的域外之邦。在岭南时，苏轼已感天气卑湿，地气蒸溽，但是儋州更甚，这里林木阴翳，多雨多雾，极其潮湿，东西也容易腐坏发霉。加之岛上有很多黎族人，语言不通，更遑论“食无肉，病无药，居无室，出无友，冬无炭，夏无寒泉”，所以初到儋州的苏轼真的是“四顾途穷”。

到达儋州后，苏轼和苏过无处安身，只能委身于桄榔林中，结庵而居。幸而这年冬天，昌化军使张中的到任化解了父子二人的难题。张中命人将伦江驿馆简单修葺后，租赁给苏轼父子居住，父子俩才得以暂避风雨。

然而好景不长，新党竟安排人将苏轼父子赶出了驿馆。即便苏轼已经被贬至“天涯藐藐，地角悠悠”的儋州，苏辙远谪雷州，当朝者仍旧不愿意放过他们，受吕升卿（吕惠卿的弟弟）提携的董必先是参奏了雷州太守，说张逢款待过苏轼、苏辙，又对苏辙别加“照顾”，其结果是张逢被停职，苏辙也被移至循州[1]。而后董必又派人到儋州巡视，发现苏轼寓居官舍，便将苏轼赶出了驿馆，不久之后，张中也被贬职。苏轼只好用为数不多的积蓄在儋州买了一块地，盖了几间屋子。

虽然生活上日暮途穷，儋州又地处偏远之隅，但苏轼并不寂寞，除了给弟弟、故友写信、诗文往来，他还结交了很多当地的朋友，其中既有汉人也有黎人，既有士子也有农夫，有时候是苏轼一一去拜访他们，有时候则是一众好友带着酒和酒具找苏轼一起豪饮，出海的渔民也会给苏轼送来牡蛎。而最令苏轼感动的是，还有朋友不远千里万里过海相访。

无论身处何种境地，苏轼一直不改他超然自得的风度，哪怕是陷入绝粮的困境中，他也能以潇洒的态度来对待。当时儋州米价飞涨，仅靠积蓄维持生活的苏轼自是不免有极大的经济压力，于是他想到了一个辟谷的良方，说在晋武帝时期，有一个洛阳人掉进了深不可测的洞穴里，在饥饿难忍之时，他看到洞里的乌龟和蛇每天早上引颈东望，吸食日光，那个人便也模仿行事，果然不饿了。不知这个故事果有记述，还是苏轼为了度过儋州米价高涨的特殊时期而杜撰出来的，但可以肯定的是，父子俩有过在清晨望着太阳吃日光的打算。

虽然经济上时常困窘，但苏轼总能找到让自己开心的方法，没有了政事烦扰的他有时会去寺中清坐，有时会在溪边散步，但更多的还是在漫长的午后坐在窗下打盹。这时的他更能体味陶渊明诗中的自得与自在，所以在儋州期间，苏轼创作了大量和陶诗作。苏轼还养了一条大狗，取名“乌

① 循州：辖境相当于今广东兴宁、陆丰二市以西，新丰、博罗、惠阳市以东地区。

喙”，时时加以训练，白天让它识得宾客，晚上则训练它看守门户。此外，苏轼还将贬谪黄州期间创作的《易传》和《论语说》做了修订，又创作了十三卷《书传》。在不宜居的儋州，苏轼还总结并记录了很多养生的方法，如晨起梳头、午间坐睡和睡前泡脚等。

苏轼在自己六十二岁的时候远谪儋州，已是垂暮之年的他断然不会想到自己还有北归的可能，因为当时哲宗正年轻，当朝的宰辅也都是视他为仇雠的政敌，所以离开岭南时，苏轼已经做好了老死儋州的准备，他给儿子的手书称“死即葬于海外”，“生不挈家，死不扶柩”。然而，波谲云诡的命运从不由人议定，元符三年（1100）正月十二日，年仅二十四岁的宋哲宗突然驾崩，在向太后（宋神宗皇后）的支持下，哲宗的弟弟赵佶继位，是为宋徽宗，由向太后与宋徽宗共同听政。经历了多年的两党相争，宋王朝的元气已经大损，在向太后的主导下，皇家有意调和两党之间的矛盾，所以凡是被哲宗贬谪的旧党官员一律被召回，范纯仁等元祐党人分别得到牵复和量移，苏轼自然也在其列。

## 四、北归之路

元符三年正月，登基的宋徽宗大赦天下，文武百官提官一等，绍圣年间被贬的旧党诸臣也得到赦免，苏轼被量移廉州[1]安置。四月二十一日，因皇子赵亶出生，旧党一众又被重新授予官职，召还苏轼等人迁移到内郡

① 廉州：今广西合浦。

居住，苏轼以舒州[①]团练副使之职迁永州[②]居住。

（一）得返故土

五月，苏轼接到移廉州安置的诏旨，临行前，他留下一首诗赠别儋州的父老，带上他的大狗“乌喙”和苏过以及来看望他的老道士吴复古一起登舟北返。

## 别海南黎民表

苏轼

我本海南民，寄生西蜀州。忽然跨海去，譬如事远游。

平生生死梦，三者无劣优。知君不再见，欲去且少留。

七月四日，苏轼到达廉州。已经做好了终老廉州准备的他却又在八月下旬接到了永州居住的诰命。苏轼便继续北行，到广州时，苏轼见到了前来迎接他的儿子苏迈、苏迨和孙子苏箪、苏符，一家人历经风雨，终于又重新团聚。

十一月初一，朝廷再有新旨，授苏轼朝奉郎、提举[③]成都府玉局观、外州军任便居住，这一诏令意味着苏轼可以自由选择自己的终老之地了。得知这一诏令时，苏轼已经到达英州了，至于该去何处终老，苏轼着实费了一番思量。他边向北行，边寻找归老之地。

而就在苏轼舟行于北归之路上的时候，朝野之中，二苏将再被重用的

---

① 舒州：今安徽潜山。

② 永州：今湖南永州。

③ 提举：官名。宋代设有提举宫观，为安置罢退大臣及闲员而设，坐食俸而不管政事。

呼声也越来越高，人们把旧党中韩琦之子韩忠彦与章惇并列相位视作起用二苏的信号，所以苏轼每到一处，都有州官相迎，大家都认为在幸存的旧党之中，苏氏兄弟的名望最高，他们相信苏轼再次被重用是指日可待的事情。但是，事实却并非如此。

虽然自徽宗继位以来，旧党众臣都得到赦免，但是重用旧党之说并不确实。七月，向太后还政徽宗，虽然两个月后，新党首领章惇被罢，但这并非是出于对新党政见的否定，而完全是因为章惇曾反对迎立徽宗的计划。而朝中与旧党韩忠彦共执权柄的还有曾布，另外，徽宗继位后第二年便改年号为“建中靖国”，这些都清楚地说明了当朝的为政意图就是调和两党矛盾，而不偏重任何一党。这种政治主张带来的结果便是新党中蔡京、蔡卞两兄弟和旧党中苏轼、苏辙两兄弟均不能返回朝廷，所以当右正言[①]张庭坚向徽宗进言称苏轼兄弟可用时，就因忤逆了圣意而遭到贬官。

苏轼自然也不愿意再次卷入党争的旋涡中，北归路上，他一直迟疑不决自己的终老之地。他希望离朝廷远一点，最优的选择自然还是回常州，因为这几年苏家上下一直都在常州居住，那里又有自家的田产，所以他给朋友写信，让其帮忙留意常州是否有合适的宅院可以购买，如果没有，那么舒州、真州[②]的房屋也可以。

但当时还有一个令他犹豫不决的选择，便是去颍昌[③]和弟弟苏辙比邻

① 正言：唐有左右拾遗，宋初改为左右正言，掌规谏，分隶门下、中书二省。

② 真州：今江苏仪征。

③ 颍昌：今河南许昌。

而居。当时，苏辙也得到了“任便居住”的诏令，因为在颍昌有田产，子孙也多在那里，所以得到诏令的苏辙便去了颍昌。他几次写信给哥哥，邀他同住颍昌。但是苏轼听说弟弟的境况也不富裕，不忍心让自己的一大家子拖累弟弟。但不久之后，苏轼又接到了弟弟苏辙的信，信中说，“桑榆末景，复忍离别”，见此一句，苏轼便打定主意和弟弟相聚。他决定乘船先到陈留[①]，然后走陆路到颍昌。他还让苏迈和苏迨将常州的田产变卖，在真州会合后再一起到颍昌。可就在苏轼终于下定决心去颍昌，而且也已经到达真州之时，路上的听闻却又动摇了他的想法。

因为当时的朝局又起微澜，虽然自向太后归政后，其调和两党矛盾的政治意图一直还被贯彻着，但向太后于年初去世后，遍布朝中的新党，又有人谏言徽宗应该绍述父兄之政，而且苏轼听说了新党已经安排人选来弹劾旧党的确切消息。思量之下，苏轼最终还是把终老之地选在了常州，他写信给弟弟苏辙说了自己的忧虑，并告诉苏辙自己已经在常州借了一处孙家的宅院，在真州休息十几天后，便渡江返回常州了。遗憾的是兄弟不能再相聚，这大概就是天意吧。

假使果真有天意，那么或许就真的如苏轼所说，天意没能让他们兄弟再相见，因为此去，留给苏轼的时间已经不多了。

（二）病逝常州

自元符三年六月离开儋州，到建中靖国元年（1101）五月决计定居常州，将近一年的时间里，苏轼一直行走于道途、奔波于海上，舟车劳顿，

① 陈留：今河南开封东南。

让他的体力有些不支。此时五月刚过，苏轼住在船上等待苏迈和苏迨到真州来跟他会合，然后一起返回常州。但这一年的夏天尤其闷热，精力不迨的苏轼身感不适，几日下来，症状有增无减，加之河边秽物较多，气味袭人，苏轼便将船停泊到闸外，希望凉爽干净的风能稍稍缓解病痛，可是苏轼的病情还是未能因此好转。

苏轼在给米芾的信中说，自己进食就会腹胀，不进食精力又难以维持，到了晚上，蚊虫叮咬又导致夜不能眠。因为酷暑难耐，自己又吃了一些生冷的东西，导致了突然腹泻，更让已有的病情加重了许多。病情一直持续了十几天，直到从真州离开时，苏轼才稍有好转。

但是，朝廷起复二苏的消息还在广为流传。就在苏轼缠绵病榻时，章惇之子章援就曾修书求见。章惇曾和苏轼是故友，但是二人因为党争分道扬镳，章惇掌权之后，苏轼被贬岭南，有传言称，当时苏轼被贬儋州、苏辙被贬雷州也都是章惇一手造成的。此次章惇被贬，章援顾忌朝廷再次起复苏氏兄弟后，他们会行报复之事，所以在信中希望苏轼勿念其父旧恶。苏轼强支病体，给章援写了一封回信，信中不仅对章惇毫无恨意，还将自己在岭南生活的情况详细告之，并说如果他们兄弟二人前去探望，可以带一些药品，自治之余可以散给邻里，后来，他还将自己在儋州时所作的《续养生论》抄录了一份寄给章援。

## 与章致平（节选）

苏轼

某与丞相定交四十余年，虽中间出处稍异，交情固无所增损也。闻其高年，寄迹海隅，此怀可知。但以往者，更说何益，惟论其未然者而已。主上至仁至信，草木豚鱼所知也。建中靖国之意，可恃以安。

又海康风土不甚恶，寒热皆适中。舶到时，四方物多有，若昆仲先于闽客、广舟准备，备家常要用药百千去，自治之余，亦可以及邻里乡党。又丞相知养内外丹久矣，所以未成者，正坐大用故也。今兹闲放，正宜成此。然只可自内养丹，切不可外服物也。某在海外，曾作《续养生论》一首，甚欲写寄，病困未能。到毗陵，定叠检获，当录呈也。

回到常州之后，苏轼虽稍有好转，但还是缠绵病榻，他上表朝廷，请求以本官致仕，他说自己“百病横生，四肢肿满，渴痟唾血，全不能食者二十余日矣，自料必死”。到了七月，苏轼病情加重，只能躺在床上。

七月十八日，有感于自己时日无多的苏轼把三个儿子叫到近旁，对他们说：“我平生没有做过坏事，死后必不会坠入地狱，所以你们不要哭泣，让我安静离开。”他又写信给苏辙交代后事，希望死后能和妻子王闰之合葬在嵩山之下，并嘱咐苏辙为他写墓志铭。

当时，苏轼得知自己在杭州期间的老友维琳长老前来探病，便写书简邀他卧谈，并说自己在岭南儋州万里不死，而归宿田里却卧床不起，这难道不是命吗？但生死都是小事，微不足道，唯有为佛、为法、为众生才是重要的事。

七月二十八日，苏轼在弥留之际，他的儿子们、朋友钱世雄和维琳长老陪在他的身边，维琳长老对着气若游丝的苏轼大喊：“端明，不要忘记想西方世界。”苏轼回答说：“西方也许有，但是用力就得不到。”钱世雄在一旁也说："先生平时就践行佛事，此时更需用力。"苏轼回答说："用力就错了。"说完这句话，苏迈又问遗言，苏轼不答，溘然长逝。享年六十六岁。

崇宁元年（1102）闰六月二十日，按照苏轼的遗命，三子扶丧北上，将他和妻子王闰之一起安葬于汝州郏城县钓台乡上瑞里。

日光之下，并无新事，因为历史从不谱写传奇：太阳升起，复又落下；江河之水，往复巡回；一个卓然超群的伟人也终有一天会长眠不归。但好在历史总是处处给人惊喜，"每事俱不十分用力，古文、书、画皆尔，词亦尔"的少年天才，却也有着"不以一身祸福，易其忧国之心"的坦荡襟怀，能写出"倾荡磊落，如天地奇观"的诗文的奇才，也有"数困于世，然终不以为恨"的旷达性情，而当这些惊喜统统集于一人之身，又使人难以相信历史从不谱写传奇。

苏轼像

## 第四章

# 湮没乱世的子孙

裹挟北宋政治多年的酷烈党争，使得元祐党人的子孙亦沉陷其中，苏轼之后苏氏子孙也因党禁牵连而求仕无门。在这种情形下，苏氏子孙通过“闭户治田”以远祸全身，虽如此他们依旧能够严守家风、绍继家学，以踵武前贤，并逐渐形成了“挟策读书、兄弟躬耕”的进取、内敛家风。此后金兵铁骑踏灭了北宋王朝，由于历史和自身原因，他们无法扬名于朝，只能以耕读传家，被褐怀玉地隐名于世。

## 第一节 颠沛流离

苏轼一生起伏不定，几经升降荣辱，作为苏轼的后代也只能随父亲与时俯仰，跟随父亲经历着宋代独有的沉浮。虽然他们能时时承庭训、师家法，却难能安定为学。他们年幼之时，要跟随父亲奔走于地方任上，及至成年，他们经历的则是父亲的一贬再贬，在此期间，他们有的要承担起养家的重担，有的则陪父亲一起远谪天边。

### 一、随父沉浮

（一）长子苏迈

苏迈，字伯达，生于嘉祐四年，其母王弗。

苏迈在童年时期便随父亲奔走于地方与京师任上，侍奉父亲游历各地。十九岁时，家里为他安排迎娶了石昌言的孙女石氏为妻。次年，他们的长子苏箪生于彭城[1]，孩子非常健壮。得了长孙的苏轼自是高兴非常，给他取名“楚老”，在给朋友的信中苏轼开玩笑说，孩子“体甚硕重，决可以扶犁荷锄”，可惜这样的其乐融融没有持续太久。

元丰二年七月，苏轼因乌台诗案被捕，二十一岁的苏迈徒步相随，陪父亲周旋于险难之中。父亲被投入监狱之后，其饭食供应和其他生活所需都由苏迈操持。结案之后，苏迈又侍奉父亲到黄州贬所。但即便如此，苏迈也未废家学，他在黄州凄苦的生活中，常和父亲以诗文联句为乐。

虽然苏轼因诗获罪，但是神宗一直有起复之意，元丰七年，苏轼奉命移汝州，恩推子孙，苏迈也被任命为饶州德兴[2]县尉。四月，苏迈随父亲一起离开黄州，行至途中，苏迈和父亲分别，自己携家眷到德兴赴任，临别时，苏轼送给苏迈一方砚台，并作铭文嘱咐他为官之道。

## 迈砚铭

苏轼

迈往德兴，赆以一砚，以此铭之

以此进道常若渴，以此求进常若惊，以此治财常思予，以此书狱常思生。

元祐元年，二十八岁的苏迈再得一子，取名苏符。而这一年他的命运又跟随父亲的起伏人生发生了一次变化。神宗去世后，高太后主政，元祐诸臣得以一一还朝。因为当时苏辙向朝廷请求贬逐吕惠卿，而吕惠卿的弟

① 彭城：今江苏徐州。

② 德兴：今江西德兴。

弟吕温卿为饶州[①]知州，为防吕温卿报复，苏辙向朝廷上书请求罢苏迈德兴县尉一职。苏迈也因此改任酸枣[②]尉。元祐六年九月，任河间[③]令。元祐八年，苏轼外任定州，父子俩同在河北为官，显然不妥，为避亲嫌苏迈罢河间令。此后苏轼遣苏迈回蜀处理家事，不再担任官职。

绍圣年间，又是苏轼一贬再贬时期。绍圣元年，苏轼落职英州，苏迈和两个弟弟连同家眷同行。但是，南下的路让一直没有积蓄习惯的苏轼很快就捉襟见肘了，路过汝州时，苏轼带着三个儿子向弟弟苏辙请求支援，苏辙一下子拿出了七千缗。苏轼将其中大半交给了苏迈，让他带着家眷到宜兴安排将来的生活。除了朝云、苏过和两个婢女以外的全部苏氏家眷都跟随苏迈回到常州宜兴。虽然此后苏轼经常将自己的诗文寄给苏迈，但很长时间之内，苏迈的大部分精力和时间都只能花在经营大家庭上。

绍圣三年，苏迈的妻子石氏去世，令原本就困厄的生活雪上加霜。但好在苏轼当时已经在惠州买了几亩地在建屋，希望他带着家人赶去团聚，这一消息暂时驱散了他的丧妻之痛。而按照朝廷设立的八路定差制度，苏迈可以到广南东路指射[④]差遣一职，为了能方便照顾父亲，苏迈请求到韶

① 饶州：今江西上饶。

② 酸枣：今河南延津北。

③ 河间：今河北河间。

④ 指射：宋任官有八路定差制度，成都府路、潼川府路、利州路、夔州路、广南东路、广南西路、福建路和荆湖南路，允许中原及本地在选官员随意就差，称“指射”。

州[1]任仁化[2]县令一职。

绍圣四年，苏迈带领自己和苏过的两房家眷到达惠州和苏轼团聚，然后准备到仁化赴任，但是，当时章惇却以韶州与惠州地近为由，不允许苏迈赴任，封堵了苏迈的仕进之路，父亲苏轼当时已经年逾六十，作为长子的苏迈自然要顶立门户。就在苏迈到达惠州不到两个月时，苏轼再遭贬斥，在留给苏迈一封书信后，又带着苏过远赴儋州。苏迈不得不一面想办法为家族生计谋出路，一面积攒些钱银供养父亲和苏过在儋州的生活。

### 付　迈

**苏轼**

古人有言，有若无，实若虚，况汝实无而虚者耶？使人谓汝庸人，实无所能，闻于吾者，乃吾之望也。慎言语，节饮食，晏寝早起，务安其形骸为善也。临书以是告汝。

当时，苏辙被贬雷州，但因时任雷州太守张逢善待苏辙，朝廷在停了张逢之职后，又将苏辙移至循州。当苏辙带领家眷路过惠州的时候，苏辙也把家小托付给苏迈，让他们同在白鹤峰居住。

元符三年，朝廷诏命苏轼可以迁回内郡居住，苏轼便传书苏迈，让他从惠州带领家眷与自己在广州会合。在北归之路上，苏轼为终老之所徘徊良久，在决定定居颍昌之后，苏迈承父命到宜兴变卖家产。此后苏轼病重，苏迈一直侍奉在侧。苏轼病故后，苏迈遵照父亲遗命，从常州扶灵柩

① 韶州：今广东韶关。

② 仁化：今广东仁化。

到京师，在迁出继母王闰之的灵柩后，将二人合葬于郏县。

此后，苏迈又带领全家人到颍昌投奔苏辙，开始了两年又三个月的丁忧生活。

（二）次子苏迨

苏迨，字仲豫，初名叔寄，熙宁三年五月生于京师，其母王闰之。

苏迨自幼体弱多病，生下来时他的头很长，到了四岁还不能自己走路，当时苏轼任杭州通判，他请好朋友辩才法师为苏迨摩顶后苏迨才开始走路。虽然在摩顶之后，苏迨“起走趁奔鹿”，但此后身体却一直不太好，苏轼也常常带他寻人治病。

苏轼被贬黄州期间，苏迨和弟弟苏过一起跟随父亲的好友巢谷在自家的雪堂学习。巢谷自幼与苏轼相识，苏轼多次遭贬，即便是亲友也多唯恐避之不及，但巢谷却经常到贬谪之地探访他。巢谷为师严毅，苏迨、苏过跟随他学习，也受到了良好的开蒙，只是这种安定注定不会太久。

元祐年间的苏迨生活较为安稳，因为此时父亲苏轼受到高太后的赏识，在朝廷也是位高权重。苏轼不仅为他求娶了欧阳修的孙女欧阳氏为妻，在知贡举时，还向朝廷为他奏请承务郎一职。苏迨还于元祐六年三月参加了礼部主持的科举考试，只是未能及第。此后，苏迨也一直跟随父亲外任地方、入职京师。

绍圣元年，苏轼以讥讪神宗之罪，落职英州。苏轼原打算让苏迈带领家眷到宜兴，让苏迨和苏过陪在身边，但是不久朝廷的诰命又下，将其贬谪到更远的惠州，于是苏轼决定也让苏迨返回宜兴。绍圣二年，苏轼托程之才给苏迨捎带的书信中，让他再考举业，但依旧未能及第。此后，直至苏轼去世，苏迨始终与苏迈同进退，相互扶持着治理家事。

（三）三子苏过

苏过，字叔党，又名似叔，熙宁五年（1072）四月四日出生于杭州，其母王闰之，三个儿子中，苏过最像苏轼，有“小坡”之称。

幼年的苏过随父亲辗转于任上，后又迁居黄州贬所，此后苏轼仕途顺遂，苏过也始终陪在苏轼身边。元祐六年，苏过迎娶范镇的孙女范氏为妻。此后几年也是苏过一生中比较安稳的一段时光。

绍圣元年，苏过和妻儿分别，只身陪伴父亲和朝云到惠州贬所，这一年，苏过二十三岁。由于有了大把闲暇时光，陪着父亲一路南行的苏过受到了良好的言传身教。南下之路，他陪父亲游山寺、观奇景，赋诗作文。

到了惠州，除了适应气候和习惯的变化，生活之艰苦也不难想见。而凡是苏轼的饮食器用，苏过也都要自己想办法，一身百为。冬雪来时，苏过和当地人学习做地炉来取暖；飓风来时，拔树毁屋，苏过亦能安之若素。艰苦的生活之余，苏过还会陪父亲游览当地景色，行有余力还在诗文书画上着力，连苏轼也盛赞他超然物外。

绍圣三年，感于自己将会终老岭南的苏轼在白鹤峰买地筑屋，而其中大部分辛劳的工作，自然也落在苏过的身上。更为不幸的是，这一年，父亲的侍妾朝云因感染时疫去世了，此后家中煮饭、洗衣之事，苏过亦不免亲力亲为。好在新居就要落成，苏轼给苏迈写信，要他把苏过的一房家眷也带来相聚，团聚就在眼前。

绍圣四年闰二月，苏过将苏迈和家眷从循州接到惠州，一家终得以团聚。只是这团聚太短暂了，四月十七日，朝廷的诏令传至惠州，再贬苏轼到儋州，且要即刻起行。四月十九日，苏过又和父亲踏上渡海之路。

儋州生活的艰难程度与惠州比起来有过之而无不及。但好在昌化军使张中和苏过十分投契，二人经常对弈，苏轼说他“胜故欣然，败亦可喜”，近于道。在海南期间，苏过常向当地人借书，并以写作为乐，在作文上也有了很大进益。

## 借　书

苏过

妙年不可再，白日谁能系。空惭粱肉索，不悟齿发逝。
季子颇亦困，还家笑奴隶。经年得揣摩，尚可资游说。
良田初不耕，拱手那望岁。谁令困不学，斯与草木弊。
海南寡书籍，蠹简仅编缀。《诗》亡不见《雅》，《易》绝空余《系》。
借书如假田，主以岁月计。常恐遗地力，敢有不敛穧。
便便五经腹，三冬良可继。傥有愧寸阴，得无讥没世。

自苏轼被贬惠州，苏过一直陪在身边，直至北返，前后共计六年，不改孝道。北返之后，苏过也一直跟随父亲辗转廉州、藤州、梧州，直至到广州和两个哥哥重逢。父亲去世后，苏过带领侄子苏符（苏迈次子）守丧郏城小峨眉山。

叔侄二人在北山结茅为庐、凿墙为牖、掘地穴作炉，生计潦倒的他们在冬天竟然以纸被御寒，虽然蓬门荜户、粗衣粝食，但二人精神上是富足的，均能以隐逸的情致来对待这种清苦。但是不久之后的党禁，却又将他们推向了政治的旋涡，再难抽身。

## 二、祸起党禁

（一）崇宁党禁

哲宗去世之后，政局一度因向太后的政治向背出现了短暂的反复，与高太后全力支持旧党不同的是，向太后的意图是调和新旧两党之间的矛盾，所以任用韩忠彦和曾布同朝为相，在向太后还政徽宗之后，这种政治格局也持续了一段时间，但是徽宗本人却并不热衷于“建中靖国”，这个年号仅存在一年，及至第二年便改为“崇宁”了，其含义也再明显不过，是取继承熙宁变法之意。

扭转这种格局的一个重要人物便是蔡京。虽然在当初，蔡京、蔡卞和苏轼、苏辙两对兄弟因为平衡双方势力的原因不在起复之列，但是当时两党之间根深蒂固的矛盾直接导致了双方都想扩大自己的势力，所以一方面曾布想引蔡京入朝，而当时韩忠彦也有拉拢蔡京之意，在双方的共同努力下不仅促成了蔡京的还朝，还助力他登上了权力的顶峰。但是在权力的角逐中，韩忠彦和曾布却败下阵来，分别于崇宁元年五月和闰六月相继被罢相，离开了朝廷。

蔡京还朝后之所以能够迅速得到徽宗的信任，还是他从根本上窥视到了徽宗的困境，并想出了一劳永逸的方法。及至徽宗一朝，新旧两党的矛盾早已无法调和，徽宗若想获得绝对的统治权威，则必须清除所有障碍，而通过暴力解决是最省时奏效的方式。所以伴随着蔡京的回朝，迫害元祐旧臣的恶浪再次被掀起，大规模的党同伐异也立即展开。

崇宁元年五月，司马光、文彦博等元祐老臣先后被追贬，苏轼也被追贬为崇信军节度行军司马，之前追复的官职宣告缴纳。而尚在人世的苏辙、范纯礼等元祐党人则被痛加贬抑，下令不得“与在京差遣”。八月，朝廷再有诏命，司马光、苏轼等二十一人的子弟不得在京为官。这场大规模的政治迫害的受害者，不仅包括元祐党人及其后人，以及倾向于元祐党人的上书者，甚至还包括与蔡京有宿怨的新党中人。

在对元祐党人及其后人进行新一轮的打击和迫害之后，为了杜绝政局的反复，蔡京又在各州县建立“元祐党籍碑”，试图将获罪之人永远钉在历史的耻辱柱上。崇宁党禁期间，宋廷曾三次籍党立碑。第一次发生于崇宁元年九月，籍刻宰相文彦博等、侍从苏轼等、余官秦观等一百二十人的姓名，由徽宗亲书，再刻石立于端礼门，其目的是警告朝臣以元祐党人为戒。为了扩大影响，崇宁二年（1103）九月，蔡京又命将此碑立于全国各路，以此作为天下臣子不忠之戒，但是人数稍有变化，从元籍之中删去了二十一人。第三次发生于崇宁三年六月，朝廷又重新籍定了三百零九人刻于石碑，而后颁行天下。

为了将反对势力打压到底，蔡京对党籍的子弟和亲属也进行了禁锢，并制定了一套细密而严格的规定。崇宁元年八月，先是诏令司马光、苏轼等二十一人的子弟不得在京为官。崇宁二年三月，对元祐党人子弟的禁锢进一步扩大，规定也更为明确，这些子弟不管有官无官，只能在外居住，不能擅回京城。为官者若不能恪尽职守则要严加黜责。而对这些人在仕途上的晋升也有着非常严格的控制，使他们几乎不可能获得政治上的发展。一些涉及政权安危的重要部门，元祐党人子弟更是无权介入。此外，对维持家族地位的婚姻关系也作出了禁锢的规定。可以想见，在这样的重重施压之下，摆在苏氏子孙面前的路，该是何等的崎岖。

（二）党禁之后

就在苏迈兄弟三人居丧颍昌期间，党禁之事的发生让原本就已经日暮途穷的兄弟三人更加生事萧然。虽然苏辙也遭受着更直接的打击，但他还是变卖了别业，资助三位侄子渡过难关。为避风波，所有苏氏子弟只能过着深居简出的生活——“逢人聊只话耕桑”“几年零落卧江湖”，这种情形一直持续到崇宁五年（1106）党禁结束才稍有好转。

崇宁五年正月，天上出现彗星，彗星的长度横跨天空，因星象异变，徽宗下诏命百官直言为政得失，有人为旧党进言，徽宗这才下诏毁掉元祐党人碑，恢复贬谪士人的官籍，解除了对元祐党人的所有禁令，并令谏官不得再弹劾。

党禁之后的大观元年（1107），苏迈才又到嘉禾[①]任职，而这一年苏迈已经四十九岁了。政和二年（1112），五十四岁的苏迈归还颍昌，直至去世。苏迈卒年不详，死后亦葬入苏坟。

苏迈一生仕宦不显，大半生都处在父亲遭贬谪的失意时期，他早年未能通过科举求得仕途，只是以父荫做了末阶下品的县令。虽然在为政上“颇有父风”，但也难有大的作为，甚至还多次遭到罢免。苏迈的一生用了极大的精力经营家族之事，难以顾全自身，虽学有家法，但在文学创作上也未能展尽才华。其身后有五子，苏箪、苏符、苏箕、苏筌和苏筹，另有一女。

---

① 嘉禾：今湖南嘉禾。

苏迨也是在党禁之后才有机会谋求官职的，不过他比哥哥苏迈还要晚一些，时间是政和元年，这一年苏迨也过了不惑之年。此段时间，正是蔡京罢相期间，苏迨得以出仕武昌，任职筦库官。重和元年（1118），解官归颍。靖康元年（1126），五十七岁的苏迨又任职尚书驾部①员外郎，但不久就去世了，死后也葬在郏城县苏坟中。

苏迨在文学方面很有天赋和才能，也为苏轼所称道，对他评价也远高于别的子侄，可惜诗文未能传世。而且苏迨自己也不乐仕进，接连几次参加科考都未能及第。此外，他长于议论，也有父亲的风采，当时就有“过得坡笔，迨得坡舌”的说法。其身后只有苏篔一子。

苏过的一生也是仕宦之日少，闲居之日多，自弱冠之年起，他随父颠沛十载、闲居颍昌十载，直到不惑之年才登仕途。政和二年六月，苏过出任太原府监税②，十月，叔父苏辙过世，苏过回颍昌奔丧。此后直至政和五年（1115），苏过一直在太原府监税的任上。这段时间，苏过的诗文多怨苦、阴郁。这多半因为苏过的个性潇洒，跟父亲苏轼很像，他本是有山林之志的人，难以适应曲意逢迎和虚与委蛇的官场作风。政和六年至宣和二年（1120），苏过出任郾城③县令，罢任后再次回到颍昌。

在郾城县令的任上，有两段关于苏过的传闻，一是说他曾是时任殿前都指挥使高俅的座上宾，二是说苏过曾党附梁师成。如果说苏过与高俅因

---

① 驾部：掌舆辇、传乘、邮驿、厩牧之事。

② 监税：负责税务监察的官。

③ 郾城：今河南漯河郾城区。

为过去的渊源（高俅曾是苏轼的小吏）而有来往还稍稍可信的话，那么说他党附梁师成，却还是应存疑的。

梁师成，字守道，是宫内宦官，政和年间深为徽宗宠信，官至太尉、开府仪同三司、少保，凡御书号令皆出于其手。他还多次挑选擅长书法的属吏练习模仿徽宗的笔迹并伪造圣旨。他贪污受贿、卖官鬻职，甚至蔡京父子都党附于他，故时人称他为“隐相”。梁师成并无才学，但是他标榜自己是苏轼的出子[①]。自崇宁二年起，苏轼的诗词文墨皆被禁毁，直到梁师成以收集苏轼翰墨为乐事，天下才稍稍可见苏轼的作品。

但苏过党附梁师成之事，未必可以定论：一是因为此后苏过的仕途并未顺势而起，而是一直闲居颍昌；二是党附的记载只见于朱熹的《朱子语类》中，而苏轼与程颐有过节，朱熹又与“二程”一脉相传，朱熹关于苏轼的记载多有不实之处；三是苏过并非曲意逢迎之人，更何况梁师成自称是苏轼私生子，这怕是苏过非常难以接受的；四是梁师成当时想结交苏元老（苏辙之孙）也未能如愿，苏元老甚至不惜罢官的代价，更何况是苏轼之子且与苏辙居住一处的苏过呢。所以说，这种说法可以存疑。

罢任郾城县令之后，直到宣和五年（1123），五十二岁的苏过才又出仕，任职中山[②]府通判。这一年十二月，苏过到镇阳办事，突发疾病，卒于行道之中。其身后有七子，苏籥、苏籍、苏节、苏笈、苏篔、苏篴、苏竺，另有四女。

---

① 出子：有孕之妾被休弃后所生之子，称为出子。

② 中山：今河北唐县、定州市一带。

崇宁党禁及其后的高压政策为徽宗提供了一个醉生梦死、荒淫无道的为政环境和条件，当时徽宗后宫宫女多达万人，所建宫室园囿也极尽奢华。而徽宗先后宠信的蔡京、王黼、童贯、梁师成、朱勔、李邦彦，都是当时的重臣，此六人招权纳贿、卖官鬻爵，时称“六贼”。可以想见，要维持这样的巨额财富供宋廷享乐只能依靠搜刮民脂民膏，继之而起的只能是此起彼伏的百姓起义。经过徽宗二十余年残暴统治的北宋王朝早已濒临灭亡，宣和七年（1125），当金兵的铁骑来临时，风雨飘摇的北宋朝廷自然就被轻而易举地踏灭成灰，而国破家亡的苏氏子孙也由此四散飘零于历史的草莽之中了。

## 第二节　四散飘零

自崇宁党禁之后直至宣和末年，元祐党人及其子孙的活动基本沉寂不显。不久之后，便发生了“靖康之乱”，国破家亡之下的苏氏子孙居无定所，只能四处流离，此后苏氏子孙大致分成四支：一支留于颍昌，一支返归眉山，一支留守宜兴，一支到往婺州。及至南宋，曾一度兴起崇苏热潮，但文化身份的提高并没有带来政治地位的改变。在家族命运乍暖还寒中，苏氏子孙仍旧改变不了沉寂下僚、隐居不仕的命运，再难克绍箕裘。

### 一、落日余晖

（一）两宋之交

宣和七年，金兵分两路进发，一路自西京入太原，一路自南京入燕山，大举进兵赵宋王朝。宋廷派遣通直郎、陕西转运判官李邺以给事中的名义入金求和，同时，金人也派遣使者赴宋，陈明要想让金国退兵则需割地称臣。在这种情况下，徽宗在下过罪己诏之后，于这年十二月逊位于太子赵桓，是为宋钦宗，次年改元靖康。

就在钦宗继位后不久，金军便兵临开封城下。不修军政、不事边备的宋军早就没有了战斗力，宋廷只能与金议和。金撤兵的条件是：宋给金五百万两黄金、五千万两白银、百万匹表缎、万头牛马；尊金国主为伯父；割让太原、中山、河间三镇；以宰相、亲王为人质。

在此情境之下，朝廷急迫做出一些顺应民心之事以安抚朝野。当时，梁师成被赐死，蔡京和童贯等人被贬，范仲淹、司马光等人得到追赠，元祐党人的禁令被全部撤销，朝廷下诏告知官员百姓，凡事都要遵循沿用祖宗的旧制，为害百姓之事全部停止和取消，并取消王安石配享孔子庙，希望通过恢复祖宗旧制实现王朝的中兴。

而后宋廷毁约，金兵再次渡河包围京师，索取金银布帛。靖康二年（1127）三月底至四月初，金军攻破京师，俘虏了徽宗、钦宗父子及后宫妃嫔、太子和皇室宗亲等三千余人并国库财物全部带走，押解北上，北宋灭亡。

虽然金人以迅雷之势覆灭宋廷，然而他们无暇接盘政治，所以早于二月就确立了以张邦昌为首的傀儡政权。宗室中，徽宗第九子康王赵构因奉命出使金营求和，在河北磁州被劝阻返回才得以免遭金兵俘虏。靖康二年五月一日，赵构在南京应天府[①]继位，改元“建炎”，是为宋高宗。九月，张邦昌被诛。

---

① 应天府：今河南商丘市南。

对于新建立的南宋政权，金人自然要防患于未然，于是以张邦昌被废为由，金兵再次渡江南下，想捉住赵构，永绝后顾之忧。十月，高宗从南京应天府逃到扬州。建炎三年（1129）二月，金兵袭扬州，高宗狼狈渡江，经镇江府到杭州。六月，金将兀朮领兵大举入寇。十一月，高宗又渡江到建康，漂泊海上。建炎四年正月，金兵攻陷明州之后，袭高宗于海上，高宗逃到温州。二月，捉拿高宗无望的金兵北返。在金兵撤离之后，高宗将临安府作为南宋的行在，宋廷得以偏安一隅，南宋共传九帝，享国一百五十三年。

苏轼的孙辈、曾孙辈、玄孙辈大多生活在北宋末年至南宋期间。北宋末年，迫于形势的宋廷解除了元祐党人及其子孙的禁令，苏轼的子孙获得暂时的喘息，然而“靖康之难”继之而起，国破家亡之下的苏氏子孙多流离失所，苏轼子孙中有多达九人被金人俘虏，七人丧亡。直到绍兴时期，宋金关系缓和，苏符出使金国，才将其余二人带回。

不过好在朝廷对元祐党人的推崇一直延续到了南宋，建炎二年，高宗下诏追复苏轼端明殿学士职，尽还合得恩数，由苏轼之孙苏符请于朝；绍兴元年（1131），又特赠苏轼资政殿学士、朝奉大夫之职；孝宗赵昚（高宗养子）继位后的乾道六年（1170），赠苏轼谥号“文忠”；乾道九年，孝宗亲自为苏轼文集作序并赐给苏轼的曾孙苏峤，同年又特赠苏轼太师的称号。在这种恩遇之下，苏氏子孙得以暂安于朝野，这也是苏氏一族最后的一点星光。

（二）苏轼孙辈

1.苏箪、苏符、苏箕、苏筌、苏筹——苏迈一支

苏箪，苏迈长子，只知他出生时比较胖，苏轼为他取名“楚老”。其他资料不详。

苏符，字仲虎，苏迈次子，生于元祐元年，深得苏轼喜爱，曾唤他“作诗孙”。在爷爷过世后，苏符一直跟随叔叔苏过在郏城小峨眉山守丧。回到颍昌后不久崇宁党禁便开始了，当时的苏符正值青年，他杜门不出、闭户读书，以守家学。叔祖苏辙病逝后，苏符承祖荫拜官将仕郎[①]，调任随州主管刑曹[②]之事，后来又迁任蔡州[③]確山县丞，为秦凤路经略安抚司[④]干办公事[⑤]。建炎之后，改为宣教郎，历任国子监丞、司农丞、蜀州知州等。绍兴年间，任夔州路提点刑狱公事、赐同进士出身，此后一直得到晋升，官至礼部尚书，除敷文阁直学士，为三品大员。此后，他回到祖籍川蜀，再未离开眉山。绍兴二十六年（1156），七十一岁的苏符卒于眉山，葬于祖坟眉山县修文乡顺化里。其身后至少有七子一女，但姓名多不可查考，唯知苏山一人。

苏箕，苏迈三子，字叔平，事迹不可查考。

苏筌和苏筹分别是苏迈的四子和五子，但他们的事迹也都不可查考。

---

① 将仕郎：文散官，从九品下。

② 刑曹：负责刑法的官员。曹，古时分职治事的官署或部门。

③ 蔡州：今河南汝南县。

④ 经略安抚司：掌一路兵民之事。

⑤ 干办公事：是安抚使的属官，分掌具体庶务。

2.苏篑——苏迨一支

苏篑，苏迨之子，娶妻范氏，任将仕郎，累赠朝奉大夫。身后无子，后来过继了苏籥之子苏岘。其他事迹均不可闻。

3.苏籥、苏籍、苏节、苏笈、苏簟、苏篴、苏竺——苏过一支

苏籥，苏过长子，生平多不可知，但可以确定的是，苏籥和其父苏过曾参加过叶梦得组织的颍昌唱酬活动。出生文人世家的叶梦得，是苏轼的崇拜者，他曾出任颍昌太守，当时叶梦得在颍昌组织了很多名流文士宴集，并唱酬于颍昌的西湖之上。作为苏轼子孙，自然在应邀之列，众文士相从于西湖之上，酒酣赋诗，终日忘归。他们唱和的诗作后被编为《许昌唱和集》。苏籥身后有苏峤和苏岘二子。

苏籍，字季文，苏过次子。绍兴年间，累官右承事郎；绍兴十年（1140），任太常寺主簿，两年后罢官，一直隐居，直至绍兴二十五年（1155）才又以右朝散郎之职任湖南提刑，而后回到眉山。身后子嗣不详。

苏节、苏笈、苏簟、苏篴、苏竺，此五人俱为苏过之子，生平多不可知，其中二人的姓名在《苏过墓志铭》和《宋史 · 苏过传》中的记载略有不同，《苏过传》中记载“苏簟”为“苏筚”，“苏竺”为“苏箾”。

## 二、匿迹销声

生活于南宋之中的苏轼曾孙和玄孙辈，史料中的记述更是十分简略，吉光片羽的记述仅见于苏籥之子苏岘的墓志铭中。

（一）曾孙一辈

1.苏山——苏符一支

苏山，字寿父，光宗时曾任贺金正旦使、太府[①]丞、司农少卿。

2.苏峤与苏岘——苏籥一支

苏峤，字季真，官任给事中[②]、显谟阁[③]待制[④]。因高宗十分喜欢苏轼的诗文，所以常把苏轼的文集放在手边，经常取读，称其为文章之宗，后来高宗为苏轼写了一篇集赞，赐给了苏峤。

苏岘，字叔子，生于重和元年，卒于淳熙十年（1183）。因叔父苏篔无子，所以过继给了苏篔。后娶妻曾氏。苏岘以海陵县丞一职出仕，历任太府寺丞、邠州知州、吏部侍郎、太府卿，为官止于秘阁修撰。

（二）玄孙一辈

1.苏植——苏山一支

苏植，任职宣教郎。嘉定年间（1208—1224）曾任新繁[⑤]县令。

2.苏朴——苏峤一支

苏朴，曾任钱塘县令。

3.苏枘、苏格、苏杲、苏极、苏栘、苏杞——苏岘一支

苏枘，曾任迪功郎、严州桐庐县尉。

---

① 太府：掌府藏会计、库藏财物。

② 给事中：常在皇帝左右侍从，备顾问应对等事。

③ 显谟阁：专藏神宗御制、御书之所。

④ 待制：官名。宋时各殿阁皆置待制之官，如龙图阁、天章阁待制之类，为典守文物之官。

⑤ 新繁：今四川成都新都区。

苏格，事迹不显。

苏槩，世袭迪功郎。

苏极，曾任将仕郎。

苏栘和苏杞，据《苏岘墓志铭》记载，苏杞与苏栘二人“皆力进士”，但二人秉持家教，即使“公（苏岘）有遗泽”，也“相逊而未承也”。

眉山苏氏家族自苏泾至苏杞前后历十一代，而可考事迹者不过七代，人们耳熟能详的也只有苏洵父子三人，比之于世家大族，苏氏家族并非显赫门庭。然而作为一个普通的庶族地主家庭，却能够凭借两代人的努力就迅速崛起，不能不令人惊叹。

自苏序后，苏氏家族文星闪耀、冠冕相继，其逐渐发展为文学世家与家族子弟能够谨守家风、家学是分不开的。苏氏一门博涉六艺、精研百家，他们世世笃孝、约己裕人，一直保持着儒雅的文士家风。已经湮没无闻八百载的苏氏家族从未离开过中国文人的视线，因为只要诗书不灭，苏氏家族雅士仁达的传奇故事便能永传。

## 苏轼—苏杞五代谱系图

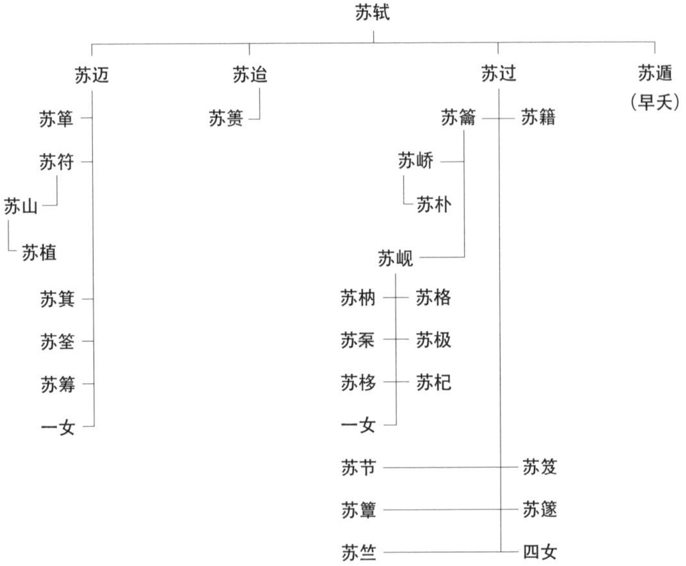
苏轼
苏迈
苏迨
苏过
苏遁
（早夭）
苏箪
苏符
苏山
苏植
苏箕
苏筌
苏筹
一女
苏篑
苏籥
苏籍
苏峤
苏朴
苏岘
苏枘
苏格
苏棻
苏极
苏栘
苏杞
一女
苏节
苏笈
苏簟
苏篴
苏竺
四女

# 结 语

孟子曰："君子之泽，五世而斩。"

这是因为家族的盛势和门户的兴旺，不仅需要几辈先贤的开创和值守，更需要后世子弟的踵事增华，由此才能保持家族长久的繁盛。比之于建立和维持，家族的衰败和消逝就显得过于容易了，一次朝政更迭、一次朋党之争就足以影响整个家族的升降沉浮。然而历史就是这样，它一面摧残，又一面成全。事物兴衰有道，既有其生，自有其灭。

宋代以来，商品经济的迅速发展、不抑兼并的土地政策、开科取士的扩张之势为整个社会带来了流动性的增强，与之伴随的便是家族对土地控制力的减弱以及个人社会地位的变迁，即所谓"贫不必不富，贱不必不贵"。由此，魏晋隋唐时期形成的同居共财、累世公卿的门阀士族逐渐被具有宋朝特色的士大夫家族所取代。基于此原因，眉山苏氏家族才能由一个普通庶族地主家族一跃而升腾为名动京师的文学世家，家族得以迅速崛起。

起于寒微的苏氏家族，无论在政治上还是在经济上都没有太多积累，但是苏氏子孙抓住了社会脉搏的律动规则得以借势而起。凭借苏涣在举业上的成功，家族逐渐显扬于乡里；此后，苏洵、苏轼、苏辙父子三人又在“古文运动”的浪潮中脱颖而出，一时间苏氏父子驰名于京师、闻达于庙堂；最终，苏轼与苏辙两兄弟依赖学术和文章的积累迅速在朝堂上站稳了脚跟，苏氏家族也成为荣极一时的显赫门庭。

然而到了北宋后期，朝堂之上党派林立，党争迭起，恩宠得失朝至夕改，主张变法与反对变法的两个政党在朝中此起彼伏。在这样频繁的政治震荡中，个人宦海沉浮的命运和家族升降荣枯的处境紧紧地联结在了一起。在熙宁（1068—1077）、元丰（1078—1085）、绍圣（1094—1098）、元符（1098—1100）以及崇宁（1102—1106）这三十余年的时间里，苏轼及苏氏家族都受到了沉重的打击。苏轼被贬黄州、惠州，甚至远谪儋州，这一时期的苏轼子孙也只能随父祖与时俯仰，因党锢原因屡有罢更，无法再继荣家族。

这一情形一直持续至两宋相交时期，当时金兵南下，宋廷屈辱割地赔款，为了顺应民心，朝廷才解除了对元祐党人的禁令。但因苏氏子弟自身的原因，再没有当轴之士可以重振家族荣耀，至苏轼玄孙一辈，苏氏家族再次湮没于历史的林莽之间，不可查考。

细若游丝的家风柔如春风弱如水，在朝政更迭面前、在金兵铁骑之下，它无法扭转家族每况愈下的命运；然而它又无比坚强，在风雨飘摇中自始至终维系着家族的承传，它甚至穿越八百载的悠悠时光轻轻来到我们面前，慢慢诉说着苏氏家族曾经灿烂辉煌的过往。而当我们静静聆听这个家族离奇的命运之时，也发现历史其实从未偏爱过谁，即便是天纵英才的一代文豪苏轼也离不开父母的谆谆教诲，也深受着父祖旷达个性的习习熏染。

苏氏家族自苏序起就形成了耕读传家、侠骨柔肠的爽爽家风，这不仅使得苏氏一族在刚刚兴起时就能使家族子弟休戚与共、与乡民相处和睦融洽，也使得苏氏家族在后期困厄潦倒时族中子孙仍旧能够相互扶持，父慈子孝，兄友弟恭，相恃以安。自苏洵以来，家中读书风气日盛，由此形成的诗书传家的家风维系了家族近半个世纪的发展，其间虽然家族社会地位屡有升降，但族中子弟始终能谨守家风、秉持家学，承传文士风范。虽然光华夺目的苏氏家族最终难免匿迹销声的命运，但先祖的精神却幻化为一豆灯火，照亮着行走于暗夜的苏氏子弟的脚下之路，让他们一往无前，不再后顾前瞻。

当铁马金戈的杀敌之声渐渐暗弱，当官印笏板带来的朝权渐渐褪去颜色，只有从南轩上传来的苏轼兄弟的读书声还声声在耳，只有苏洵夫妇对儿子们的耳提面命还令人念念不忘。一如“三苏”父子的黼黻篇章，古往今来，还一直摆放在文人墨客的桌案之上，暗自流芳。

# 参考文献

[1]司马迁.史记[M].北京：中华书局，1982.

[2]班固.汉书[M].北京：中华书局，1962.

[3]范晔.后汉书[M].北京：中华书局，2000.

[4]欧阳修，宋祁.新唐书[M].北京：中华书局，1975.

[5]李廌.师友谈记[M]//百川学海.刻本.左圭，1273（宋咸淳九年）.

[6]欧阳修.文忠集[M]//景印文渊阁四库全书.新北：台湾商务印书馆股份有限公司，2008.

[7]沈括.梦溪笔谈[M]//景印文渊阁四库全书.新北：台湾商务印书馆股份有限公司，2008.

[8]苏轼.东坡全集[M]//景印文渊阁四库全书.新北：台湾商务印书馆股份有限公司，2008.

[9]张乐平.乐全集[M]//景印文渊阁四库全书.新北：台湾商务印书馆股

份有限公司，2008.

[10]曾巩.元丰类稿[M]//景印文渊阁四库全书.新北：台湾商务印书馆股份有限公司，2008.

[11]苏洵.嘉祐集笺注[M].曾枣庄，金成礼，笺注.上海：上海古籍出版社，1993.

[12]苏轼.苏轼诗集[M].王文诰，辑注.孔凡礼，点校.北京：中华书局，1982.

[13]苏轼.苏轼文集[M].孔凡礼，点校.北京：中华书局，1986.

[14]苏辙.栾城集[M].曾枣庄，马德富，点校.上海：上海古籍出版社，2009.

[15]脱脱.宋史[M].北京：中华书局，1985.

[16]茅坤.唐宋八大家文钞[M]//景印文渊阁四库全书.新北：台湾商务印书馆股份有限公司，2008.

[17]胡发强，刘再聪.从甘博藏《报父母恩重经变》看唐、宋洗儿风俗[J].西藏大学学报，2008（6），78—81.

[18]金国永.苏洵[M].北京：中华书局，1984.

[19]金国永.苏辙[M].北京：中华书局，1990.

[20]孔凡礼.苏轼年谱[M].北京：中华书局，1998.

[21]孔凡礼.三苏年谱[M].北京：北京古籍出版社，2004.

[22]林语堂.苏东坡传[M].张振玉，译.长沙：湖南文艺出版社，2015.

[23]罗家祥.朋党之争与北宋政治[M].武汉：华中师范大学出版社，2002.

[24]马斗成.宋代眉山苏氏家族研究[M].北京：中国社会科学出版社，2005.

[25]毛德胜.苏洵古文研究[D].武汉：华中师范大学，2011.

[26]钱穆.国史大纲[M].北京：商务印书馆，2013.

[27]舒大刚.三苏后代研究[M].成都：巴蜀书社，1995.

[28]王水照，崔铭.苏轼传：智者在苦难中的超越[M].天津：天津人民出版社，2000.

[29]许树安.古代选举及科举制度概述[M].天津：天津人民出版社，1985.

[30]曾枣庄.苏轼评传[M].成都：四川人民出版社，1981.

[31]曾枣庄.苏洵评传[M].成都：四川人民出版社，1983.

[32]朱佳鸣.苏轼苏辙后代研究[D].杭州：浙江大学，2009.

[33]祝尚书.唐宋制科盛衰及历史教训[J].北京大学学报（哲学社会科学版），2010（5）：92—100.

[34]卓瑞娟.二苏唱和诗研究[D].兰州：兰州大学，2007.

[35]邹同庆，王宗堂.苏轼词编年校注[M].北京：中华书局，1982.